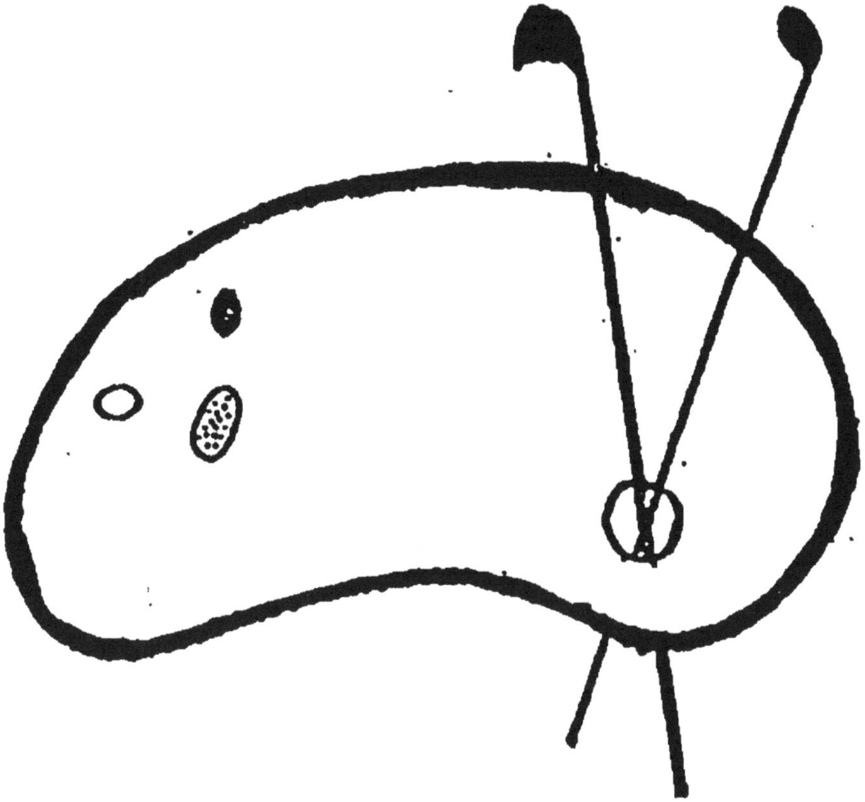

KEB.˙. (ALFRED LA BELLE)

DE

L'ENSEIGNEMENT

DE LA

CONFESSION

DEUXIÈME ÉDITION

PARIS
MPRIMERIE TYPOGRAPHIQUE DE M. DÉCEMBRE
326, RUE DE VAUGIRARD, 326.

1882

DU MÊME AUTEUR

Causeries. — Chronique de théatre.

Aperçu sur les causes du malaise de la classe ouvrière.

Un mot sur la société de Jésus.

La science et la foi.

Essais sur l'origine des cultes.

Question ouvrière.

Les dogmes.

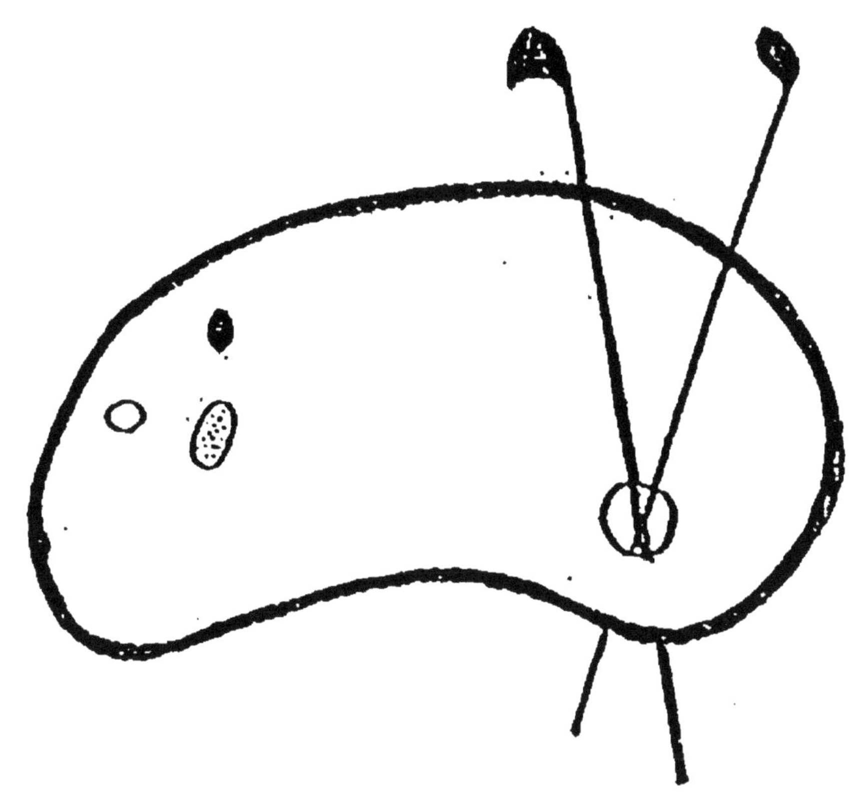

FIN D'UNE SERIE DE DOCUMENTS
EN COULEUR

DE L'ENSEIGNEMENT

DE LA CONFESSION

DU MÊME AUTEUR

CAUSERIES. — CHRONIQUE DE THÉATRE.

APERÇU SUR LES CAUSES DU MALAISE DE LA CLASSE OUVRIÈRE.

UN MOT SUR LA SOCIÉTÉ DE JÉSUS.

LA SCIENCE ET LA FOI.

ESSAIS SUR L'ORIGINE DES CULTES.

QUESTION OUVRIÈRE.

LES DOGMES.

KEB.·. (ALFRED LA BELLE)

DE
L'ENSEIGNEMENT
DE LA
CONFESSION

Prix : 1 Fr. 50

PARIS
IMPRIMERIE TYPOGRAPHIQUE DE M. DÉCEMBRE
326, RUE DE VAUGIRARD, 326.

1882

A MON VIEIL AMI

LE COLONEL RIU

COMMANDANT MILITAIRE DE LA CHAMBRE DES DÉPUTÉS

INSPECTEUR GÉNÉRAL DES ÉCOLE ET LYCÉES

ALFRED LA BELLE.

L'ENSEIGNEMENT

En dépit des menées, des menaces, des prédictions et des prédications des ennemis de la République, la loi, depuis trop longtemps réclamée, naquit vigoureuse et acclamée, le 28 mars, et c'est vainement que les réactionnaires espèrent en entraver, en amoindrir l'application.

Ils s'insurgent, ils s'acharnent grotesquement contre l'instruction obligatoire qu'il est du droit, comme du devoir de l'Etat de décréter, et que les plus grands écrivains ont « indiquée » :

«J'ai toujours pensé, écrivait Leibnitz, qu'on réformerait le genre humain, si l'on réformait l'éducation de la jeunesse.»

. . . .

« Les lois de l'éducation sont les premières que nous recevons, et, comme elles nous préparent à être citoyens, chaque famille doit être gouvernée sur le plan de la grande famille qui les comprend toutes. » (Montesquieu, — *Esprit des lois*, liv. V, chap. 1er).

« L'enseignement obligatoire, clament frénétiquement les cléricaux, porte atteinte aux droits sacrés du père de famille! »

Erreur grossière, ou mauvaise foi.

Les lois actuelles, quelque incomplètes qu'elles soient encore, ne soumettent-elles pas les parents à l'obligation de bien élever leurs enfants et de leur procurer les moyens d'acquérir une position sociale?

D'un autre côté, contesta-t-on jamais, à la société, le droit de se garder contre les criminels? Par conséquent, cette société n'est-elle pas fondée à prévenir les crimes en instruisant les enfants. — les citoyens de l'avenir, — dans les principes du bien? Et qui apprend mieux à l'enfant à discerner le bien du mal qu'une instruction éclairée et rationnelle?

Inutile d'insister.

Les fanatiques, les hypocrites *seuls* nieront toujours l'évidence! (N'auraient-ils pas gaillardement « rôti » Galilée!)

Mais, c'est aux articles 2 et 3 que sont réservées foudres superfines et malédictions grand module.

Enlever aux *ministres des cultes* « le phénoménal » privilége d'inspecter, de *surveiller* les écoles ! y suppriment l'enseignement « religieux ! »

Abomination de la Désolation!

(Notez ceci: la loi n'atteignant que les pasteurs, rabbins, etc... la *Bande noire* eût jubilé!)

Il est vrai que cette loi, respectant la liberté de conscience, laisse aux écoles « libres » toute latitude d'instruction « religieuse » ...

Cette large concession ne leur suffit pas ... Ne plus contraindre l'enfant à se bourrer de catéchisme, à se gorger d'histoire « sainte, » à se confesser — même *contrairement* à la volonté de la famille ! —

Tout est perdu! car « les Principes de la morale » sont inséparables de la FOI !

Effrontés......

« Ce sont ces idées de morale, affirme Dupuis, dans sa puissante étude sur *l'Origine de tous les cultes*, que l'on trouve dans un grand nombre de religions, parce qu'elles n'appartiennent en propre à *aucune*, et que ces religions *ne sont trouvées bonnes qu'autant qu'elles les renferment dans leur pureté primitive.* Elles appartenaient à la morale *naturelle* avant que la morale *religieuse* s'en *empara*, et *rarement elles ont gagné à cette adoption.*

C'est dans ce sens que le peuple sera éclairé, si, au lieu de cette lueur fausse que donne à ces vérités le prestige religieux, on laisse briller la lumière de la raison de tout son éclat, sans y mêler les ombres du mystère. L'ignorance absolue des erreurs laisse l'âme neuve, telle qu'elle est sortie des mains de la nature et, dans cet état, elle peut mieux raisonner ses devoirs que lorsqu'elle est déjà corrompue par l'éducation et la fausse science.

« C'est sur ce terrain neuf qu'on pourra élever l'édifice d'une éducation simple, fondée sur les notions naturelles du juste et de l'injuste et même l'intérêt personnel, qui, bien entendu, lie l'homme *à son semblable et à la patrie* et qui lui apprend que l'injustice qu'il fait aujourd'hui, il *peut* l'éprouver demain, et qu'il lui importe de *ne pas faire à autrui ce qu'il ne voudrait pas qu'il lui fût fait à lui-même.* »

Toutes ces idées peuvent être développées sans avoir recours à l'intervention du Ciel, et, alors, l'éducation sera bonne, parce que les vérités qu'elle enseignera seront éternelles, puisque la raison, dans tous les temps, les avouera.

Jadis, les législateurs, qu'ils s'appelassent Moïse ou Mahomet, étayaient leur puissance sur une sorte de délégation de la Divinité. Cette politique consolidée par la crédulité, par le penchant des peuples vers la superstition, aura bienôt dit son dernier mot, grâce au gouvernement de la République, inébranlable dans sa marche de progrès et de liberté.

On enverra l'enfant à l'école pour apprendre *uniquement* ce qu'acceptent l'intelligence et la raison d'homme, et non ces dogmes auxquels il est commandé de croire, sans qu'il soit permis de les commenter, de tenter de les comprendre.

Un *Mystère*, prêchait sérieusement l'abbé T., est une vérité (?!) qu'on *doit croire sans chercher à la comprendre.* »

Quel *croyant*, sans appréhender la damnation éternelle se hasarderait à nier l'infaillibité papale, à discuter le mystère de l'immaculée conception, aussi bien que les incarnations fantastiques du Dieu Hindou, ou l'ascension miraculeuse du tombeau de Mahomet? Il serait donc souverainement imprudent de livrer de jeunes cerveaux à un enseignement clérical pour y recevoir les germes d'éléments qui, en opposition flagrante avec la science, mènent inévitablement au fanatisme, à la superstition.

Massip dans sa *Doctrine républicaine* :

« Il faut, par l'instruction *gratuite laïque* et *obligatoire*, qui sera, elle, la vraie et seule révolution du pauvre, car les autres bienfaits de la Révolution de 1789, comme la destruction de la féodalité, la juste assiette de l'impôt, l'égalité devant la loi même, le touchent ou l'atteignent peu, du moins encore; il faut donc ainsi, disons-nous, mettre le *pauvre* à même de se constituer lui-même un *capital inaltérable* de raison et d'intelligence, à l'abri de toutes attaques comme de toutes surprises, défiant toutes violences et toutes ruses.

« Voilà ce que chaque citoyen est en droit de réclamer à l'Etat : une *assurance* pour sa vie morale, comme il lui réclame l'assurance de sa vie physique. Voilà le devoir qui incombe à la société à l'égard de chacun de ses membres, à qui elle doit, en effet, distribuer l'éducation nationale, publique, gratuite, et mettre chacun d'eux à même de jouir de ce droit sacré : *Droit à l'instruction et liberté de travail.*

« Telle est donc la formule des droits et des devoirs mutuels qui incombent à la société et au citoyen dans cette fonction de la vie individuelle et sociale.

« Mais, pour appliquer, cette formule, pour résoudre ce problème, *nous ne devons certes pas laisser la génération qui va nous succéder sous le poids et l'inspiration de ceux qui ont tout intérêt à la retenir constamment dans l'état d'ignorance, de superstition, de terreur et de fanatisme où ils ont toujours entretenu le peuple jusqu'à nos jours.*

« Aussi nous ne saurions trop le répéter, la meilleure garantie, comme la plus solide base qu'un peuple puisse trouver pour son indépendance et sa liberté, pour son repos et pour sa fortune, est celle que peuvent lui fournir l'instruction et le développement de la raison et de la conscience publique. Elles seules, en effet, comme on l'a dit un jour, agrandissent sans cesse la sphère de la liberté civile, et peuvent, en même temps, *maintenir la liberté publique contre toute espèce de despotisme.* »

Ils osent — que n'osent-ils pas ! — parler de « la destruction de la famille », quand un procès récent nous montre la politique congréganiste dans sa répugnante nudité :

Une jeune fille, belle, gracieuse, spirituelle, d'une famille haut placée, est distinguée par un homme, jeune aussi, du « même monde » et dix fois millionnaire.

Le mariage s'accomplit, malgré les efforts sournois d'une mère fanatique conseillée par des ensoutanés qui, régnant dans le château, craignent d'en être chassés et ne se consolent pas de voir fuir les millions qu'ils convoitent.

« Alors, on circonvient le mari, — esprit « faible », — la valetaille est aisément subornée, la malheureuse épouse accusée (sans preuves !) d'adultère ; puis, par une sombre nuit, l'halluciné dont elle porte le nom se glisse près de son lit, précédé de sa *Catherine* de mère, suivi de deux moines, (décence cléricale !), et, le revolver au poing, force la pauvre femme, affolée de peur, à signer « l'aveu de sa faute »... Sa faute ? c'était de s'être livrée à un ramolli ? à une manière de *Charles IX* en chambre ? Son crime ? d'avoir des enfants dont l'immense fortune échapperait, un jour, sous sa tutelle, aux griffes de leur grand'mère, — aux couvents ?

Des sels !... et passons.

*
* *

M. Paul Bert, — un savant qui *les* « gêne » terriblement ! — apprécie, explique avec autant de tact que de légitime autorité, l'instruction civique :

« Un bon élève connaîtra sur le bout du « doigt le nom des douze tribus d'Israël et la « règle des participes ; mais cet enfant qui, « demain, sera citoyen ou épouse de citoyen, à « peine saura-t-il que la France est une répu- « blique, et ce que signifient les élections pour « le Sénat, pour les conseillers départemen- « taux et communaux, dont il entend parler « autour de lui, auxquelles, bientôt, il va « prendre part. Une pareille ignorance peut « convenir à un régime despotique qui ne veut « que brutalement ou hypocritement imposer « ses volontés ; elle serait en contradiction fla- « grante, avec un régime de liberté, de discus- « sion et d'élections libres.

« Et l'instruction ne doit pas seulement, à « notre gré, comprendre l'exposé fait par l'ins- « tituteur de la Constitution qui nous régit, de « l'organisation civile, administrative, finan- « cière, militaire, politique de notre société « démocratique et laïque ; elle doit être bien « plus encore. La souveraineté et l'indivisibi- « lité de la nation. l'égalité devant la loi, le « respect de la liberté individuelle, l'égale

« participation aux charges sociales, l'égale « accession aux emplois publics, le suffrage « universel, le vote libre de l'impôt, et, par- « dessus tout, peut-être, la liberté de cons- « cience, toutes ces conquêtes de la Révolution « française devront être enseignées à l'enfant « avec respect, avec reconnaissance. Il faut que « l'amour de la France ne soit pas pour lui une « formule abstraite, imposée à sa mémoire « comme un dogme de religion, mais qu'il en « comprenne les motifs, qu'il en apprécie la « grandeur et les conséquences nécessaires. « Car, c'est en aimant et en raisonnant cet « amour qu'il apprendra à se donner tout à elle, « et, accomplissant, jusqu'au bout, son devoir « de citoyen, à se dévouer, s'il le faut, soit pour « le salut de la patrie, soit pour la défense des « principes dont le triomphe a fait de lui un « homme libre et un citoyen. Ainsi sera réel- « lement fondée l'éducation nationale. »

Nous venons de lire avec un vif intérêt deux brochures traitant ce sujet. L'une fait partie du *Nouveau cours complet d'enseignement primaire*, publié par ces illustres professeurs qui se nomment Paul Bert, Zévort, Burdeau, Cuissard, Rocherolles, Grenier ; l'autre est l'œuvre de M. Schuwer, directeur d'école normale.

Relevons dans la brochure de l'éminent Directeur ces renseignements (exacts) de nature à étonner l'élève qui réfléchit :

« Il y a aussi en France quatre grandes administrations qui sont : 1° la *Justice*, 2° *l'Armée*, 3° le *Clergé*, 4° *l'Instruction publique.* »

N'êtes-vous pas choqué de ce classement : *l'Instruction publique* « après » le *Clergé*?

« 26 — L'Église est représentée par *soixante-six* Évêchés et *quinze* Archevêchés.

27 — L'Instruction publique est partagée entre *dix-sept* Académies. »

« 66 évêchés + 15 archevêchés = 81, calcu-
« lera l'écolier. Et il n'existe que 17 Académies !
« Pourquoi tant de Prélats ? »

Oui ! Pourquoi tant de « princes de l'Eglise » entretenus par cette généreuse République, objet de leur haine, de leurs outrages, de leurs perpétuelles conspirations ?

Qu'ils pullulent, intrigaillent, exploitent les n... aïfs, excommunient à tour de bras ! Peu nous importerait... S'ils cessaient de s'engraisser à nos dépens !

Ils se gardent de rompre ! se séparer de l'Etat, c'est renoncer au budget des Cultes et l'on sait leur désintéressement !.....

Patientons, cependant.....

(« La précipitation nuit au bon ordre ! »)

L'avènement des réformes indispensables à la sécurité, au repos, — au rétablissement des finances ! — de la République ne saurait tarder longtemps.

*
* *

Au programme, figure l'enseignement *gym-*

nastique et militaire dont le Gouvernement se préoccupe tout particulièrement, auquel la France entière appladuit.

Il suffit d'être *patriote* — quelle que soit la nuance politique — pour approuver, soutenir la propagation d'exercices physiques dont l'influence sur le moral ne se discute pas, dont nos enfants béniront la création avec le *retour à la patrie* de ceux dont le cœur bat toujours pour la France, des frères ravis à notre tendresse par la violence et la trahison!

Remercions le Gouvernement de sa profonde sollicitude pour l'enseignement gymnastique et militaire, des sages mesures qu'il a prises, en tête desquelles l'opinion publique a consacré l'institution et le choix éclairé de l'Inspection.

Le dernier Congrès de la *Ligue de l'enseignement*, à la suite d'un entraînant discours — dont nous citons un passage — de M. George, sénateur des Vosges, vota, à *l'unaminité*, l'émission d'une souscription *nationale* destinée à aider, à constituer l'enseignement gymnastique et militaire dans les plus petites localités?

« ...... En 1810, la Prusse était plus écrasée que nous ne le fûmes en 1870. Elle était démembrée, occupée par nos troupes; ses vieilles armées étaient détruites, et les traités qui avaient été imposés lui interdisaient d'entretenir plus de 45,000 hommes sous les armes.

« C'est dans ces conditions désespérées que de simples citoyens trouvèrent moyen de fonder cette « Ligue de la vertu » (le *Tugendbund*) qui enrôla toute la jeunesse, organisa son éducation militaire, exalta son patriotisme..... Quelques années plus tard, il en sortait ces légions ardentes qui firent contre nous les campagnes de 1813, 1814, 1815!

« Au *Tugendbund*, officiellement supprimé, ce fut encore *l'initiative* privée qui fit succéder cette vaste organisation de sociétés *gymnastiques* et *militaires*: les *Turnverein*, qui comptent aujourd'hui plus de 500,000 membres *actifs*. Ce sont elles qui ont fait l'éducation militaire de l'Allemagne et préparé l'éclat inouï de sa fortune militaire. « Voilà la voie! pour tous ceux qui, le cœur plein de l'amour de la pâtrie, voudraient lui rendre l'honneur et la sécurité et rêvent sur la France des institutions fortes, une éducation virile, et des frontières indiquées par la nature et acceptées par ceux dont elle détermine la nationalité...... »

. . . .

Sur notre proposition, les délégués au Congrès s'inscrivirent immédiatement en tête de la liste de souscription.

Ce n'est donc plus uniquement le Gouvernement, c'est l'initiative personnelle, c'est le concours de tous les bons citoyens prenant en mains la cause de cet enseignement viril qui, appuyé sur la Nation, se développera victorieusement, rapprochera tous les Français et les réunira dans un même élan, dans un même espoir, sous la même bannière, le jour où le Droit et la Force sonneront *d'accord* le réveil de la Justice.

Alfred LA BELLE.

LA CONFESSION

INCOMPRISE PAR LES CROYANTS

Remarque essentielle.

Cet ouvrage, comme les précédents, se propose de comparer la méthode scientifique avec le procédé de la foi. Son utilité consiste surtout dans ce parallèle, que l'esprit du lecteur doit conserver présent et que nous lui rappelerons quelquefois.

On s'étonnerait avec raison de voir la société française, type d'esprit et de bon sens, tolérer, de nos jours, la confession si, dans le maintien obstiné de ce vieux préjugé, de cet abus humiliant, autant que ridicule, on ne « reconnaissait, » d'abord l'ignorance et la force de l'habitude puis, les calculs *mystérieux*, les *puissants intérêts* de l'Ultramontanisme à bout d'expédients, recourant à n'importe quelles ressources du moment.

CHAPITRE PREMIER

Origine naturelle de la confession, soit privée, soit publique.

Longtemps avant l'ère chrétienne, l'antique législateur de l'Inde, Manou, énumérait, parmi les moyens d'obtenir le Salut, ablutions *spirituelles*; c'est-à-dire l'aveu et la pénitence qui « effacent les péchés... » Par la franchise et la sincérité de son aveu, celui qui a commis une faute s'en « débarrasse comme le serpent de sa peau. »

Certains « chapelains » recevaient ces confessions.

Le Brahmane, meurtrier « involontairement, » d'un autre Brahmane, peut expier sa faute en la confessant publiquement dans une assemblée de Brahmes et de Khatrias réunis pour le sacrifice. On se purifie, en accusant, en leur présence « parce qu'ils sont, les uns la base, les autres le sommet de cette création. » Que trois Brahmes réunis en tribunal, reçoivent les aveux et imposent les expiations, la pénitence ordonnée effacera le crime; car, le Brahme est, en ce monde, une *Autorité*, et dans l'autre, un objet de vénération pour les Dieux (l. 2.)... Ces pénitences s'infligent pour la réparation des faittes, déjà *publiques*. Quant aux péchés *ignorés du public*, que l'Assemblée épargne au délinquant de se purifier par les prières et les ablutions du sacrifice... « Autant en se con-« fessant il éprouve de regret pour sa mau-« vaise action, autant son corps se décharge « du poids de sa mauvaise action. (Jacolliot, « *Genèse*, 176-159.) » On pourrait citer beaucoup d'autres textes.

Plusieurs siècles avant notre ère, Iézéus Kritsma (J.-C. indien) prêchait aux peuples : « Sanctifiez votre vie par le travail; aimez, se-« courez vos frères; purifiez vos corps par des « ablutions, vos âmes par la confession de vos « péchés, et attendez sans crainte l'heure de « la transformation. (Jacoll. Kristma, 2e p. c. « 8.) » Après lui, le Bouddhisme prescrivait aux religieux les aveux publics, comme expiation pénible et salutaire des fautes, deux fois par mois à la nouvelle et à la pleine lune. Des couvents la pratique s'étendit au corps des fidèles. On les assemblait tous les trois ou cinq ans; ils confessaient leurspéchés, et c'était l'occasion de grandes libéralités. (Journal des savants, septembre, octobre 1854, mars, 1855 — et la vie de Bouddha).

Dans les mystères des orphétistes, les chefs de familles, avec femmes et enfants, se purifiaient par l'aveu de leurs fautes. Nous suivons la diffusion de ces usages Indous dans les sacrifices d'animaux dont le sang purificateur coulait sur les grands coupables; dans les mystères de Mithra et ceux d'Eleusis dont l'initiation ne s'accordait qu'après l'aveu de ses péchés; on la suit, par les récits de Philostrate et d'Apollonius, en Grèce en Italie; elle existe au Thibet, parmi les Siamois; en Chine dont les mandarins envoient à l'Empereur la confession écrite de leurs fautes secrètes ou publiques; on la retrouve chez les Perses par Zoroastre; dans les communautés de Pythagoriciens, de Thérapeutes, d'Esséniens (Philon et Pline).

Parmi les Juifs, les dévots confessaient spécifiquement leurs péchés: pratique fort recommandée et très suivie (Myntha, t. 2-4). Aux fêtes solennelles, la foule venait accuser ses péchés en offrant ses sacrifices. A celles des Expiations, le grand prêtre, ayant devant lui deux boucs étendait les mains sur l'un, confessait les péchés, de la nation entière, l'en chargeait, le couvrait de malédictions; puis, le faisait conduire au désert en liberté; mais il versait le sang de l'autre. (Lévitique, c. 16).

Lorsque Jean se mit à prêcher « le baptême de la pénitence », afin de délivrer son pays du joug des Romains, les Juifs venaient, dans l'espoir de leur prochain salut, recevoir ses ablutions en signe de purification et d'association et en confessant hautement leurs transgressions (Mat. c. 3).

En voilà bien assez sur la tradition de ces

usages; arrêtons-nous un instant, afin d'en saisir la cause *simple et naturelle.*

Il suffit pour cela de comprendre la notion du *droit et du devoir* base nécessaire, primitive de toute association humaine. Vous ai-je adressé quelque injure, causé quelque tort grave? Vous ne me rendez votre fraternelle affection, votre estime qu'au prix de mon repentir sincère, mon équitable réparation. « L'aveu de son péché prouve qu'on cherche à devenir meilleur, » disait le philosophe païen Epicure. Je lis dans le stoïcien Epictète: « Apprenez de moi mes péchés: déclarez-moi les vôtres, corrigeons-nous mutuellement. S'il se trouve en moi queque dépravation? reprenez-moi; s'il s'en trouve en vous, loin, de la cacher, produisez-la au grand jour, cette conduite convient à des philosophes. (C. O.) »

Tout calomniateur, fourbe, voleur, assassin, tout violateur de conventions libres et justes, n'a-t-il pas des devoirs stricts à remplir envers ses victimes, ou leurs ayants-droit s'il veut recouvrer la confiance, la considération, et mériter la réconciliation? Le sentiment (si naturel!) et l'accomplissement de ce devoir s'appellent partout: *conscience droite et honnête.* Mais, aussi, « lorsque l'aveu est fait à l'autorité, la conscience universelle reconnaît dans cette confession spontanée un mérite de grâce. (J. de Maistre, du Pape, 3. 1.)» Après avoir un instant cédé à vos passions désordonnées, blessé vos semblables, lésé les intérêts de vos associés, vous en exprimez franc et loyal regret, en offrant justes satisfactions convenir ainsi de ses torts prouve un noble caractère auquel le pardon s'accorde.

Or, pouvons-nous considérer ces corrections fraternelles autrement que comme des « tribunaux qui justifient ceux qui s'accusent » — Expression de Bossuet — autrement que comme *police civile sociale*, exercée par des juges, soit en particulier, soit en public autrement que comme l'ouvrage *naturel*, spontané des peuples ? Pourrions-nous assigner à cette pratique quelque autre fondement que leur liberté? Et, dès qu'il suffit, irez-vous chercher quelque cause différente dans les *hypothèses mystérieuses*, *invérifiables*, *contradictoires?* Rien ne serait plus inutile, ni plus absurde.

Je cite Fénelon : « La *police* est l'exercice d'un *droit naturel* à tous les peuples, qui procède tous les droits de souveraineté que les princes peuvent avoir acquis ou avoir reçus par la *concession* ou le *consentement* des peuples mêmes. Ainsi, le peuple, pour le cas des besoins extrêmes, *demeure en possession de sa liberté naturelle* (*Ministère*, C. 2.) »

Voilà, donc, clairement exposées, l'origine naturelle et la philosophie de la Confession.

Elle naquit de la nature humaine, des nécessités sociales, des droits et des devoirs, de la fragilité, de l'indulgence et de la volonté des hommes. Nul besoin alors de rechercher dans les « étoiles » ou « révélations surnaturelles, » les causes explicatives de cette pratique — « presque aussi ancienne que la société civile, » dit Voltaire.

Cette *police confessionnelle* pouvait s'exercer aisément avec spontanéité dans la famille, les parentés même nombreuses — les confraternités ; — on la conçoit passée en habitude dans un milieu restreint où existent conventions équitables et libres, droits égaux, devoirs, ou services réciproques.

Mais, combien elle change de caractère, lorsque la société vient à se composer de castes privilégiées ; d'inférieurs et de parias ; d'oppresseurs et d'opprimés ; de maîtres, d'esclaves ; de travailleurs et de fainéants ; d'opulents et de pauvres, de possesseurs et de prolétaires, d'un petit nombre se réservant « l'instruction, la science, et de multitudes condamnées à l'ignorance. Elle s'imprègne forcément des vices de ce nouvel état de choses, si différent du premier ! Candeur, franchise, dignité des libres aveux, satisfactions *volontaires et loyales* font place à d'autres moyens de gouverner, de régner : roueries, mensonges, hypocrisies, espionnages, sombres terreurs, prisons, supplices, peine de mort!

... Et, au sein des populations, nombreuses et divisées, de vastes agglomérations humaines, soit volontaires, soit forcées : coutumes différentes, intérêts antagonistes, lois multipliées se compliquent de l'intervention de familles sacerdotales. Chacune d'elles, alléchée par le parasitisme, vouée à l'exploitation des ineptes, importe son bagage de Savoir, de traditions mystérieuses, de dogmes symboliques; chacune possède son fatras de superstitions tenaces, de croyances attrayantes, ou terribles : chacune amène son attirail de fêtes quotidiennes, mensuelles, annuelles; de cérémonies pompeuses; chacune surajoute son bataclan de préceptes divins, d'apparitions miraculeuses, de poétiques révélations (Lucien).

Dès lors, la confession devient de haute importance : « élément religieux, prescription céleste. Tout en conservant sa forme, soit privée, soit publique, elle reste instrument précieux, agent puissant; car on lui donne, pour sanction, un cortége prestigieux, de châtiments et de récompenses, de *Tartares* et de *Champs-Elysées*. Le Brahmanisme comptait nombreux enfers, multiples paradis; Homère et Virgile décrivaient ceux de leur temps; l'apôtre Paul disait avoir été ravi au « troisième ciel »; Mahomet s'éleva au septième!

Tout à l'heure tombaient de notre plume ces mots de Sociétés « fondées sur convention librement consenties, sur droits égaux, sur devoirs et services réciproques » ; histoire de nos aspirations actuelles, attrayante perspective, idéal de l'avenir ! car si quelque passé, si les temps primitifs, réalisaient pareille félicité édénique, cet âge d'or « poétique », nous ne le voyons guère. Hélas ! rien ne nous le démontre ! Seulement quelles qu'aient été ces sociétés antiques, elles servent de point de départ aux évolutions dont nous suivons *pas à pas* l'accomplissement incessant.

Mais, ces magistrats délégués pour *surveiller* l'observation des contrats libres, ou des lois imposées, investis de la juridiction suprême pour exiger réparations d'injustices, pour condamner, ou réhabiliter ; ces hommes chargés de la direction haute et générale des intérêts ? qu'étaient-ils ? sinon des *évêques*, — ce mot signifie *surveillant* — des *pénitenciers, ou confesseurs*, des *papes*, ou chefs qui, plus ou moins absolument et efficacement, *régissaient* les consciences et *formaient les mœurs* ! Qu'importent les noms, dès que les fonctions se trouvent identiques ?

Voilà une esquisse de ce que nous offre un premier coup d'œil d'ensemble sur la *police confessionnelle*.

CHAPITRE DEUXIÈME.

Evolution chrétienne de la confession jusqu'à l'an 1215.

Puisque toujours le présent a ses racines dans le passé, mettons, encore, à découvert celles de la *police* confessionnelle, afin de la « comprendre » telle qu'elle existe au sein du Catholicisme qui tenterait vainement de dissimuler, ou de renier ses origines. Suivons sa première période de développement pendant douze cents ans.

Après la mort violente de Jean-Baptiste, commandée par la politique d'Hérode et des Romains, Jésus-Christ reprit le rôle de son cousin. Distingué, favorisé, comblé de louanges, élevé jusqu'aux nues par lui ; désigné à la foule et à ses dissiples pour lui succéder, proclamé Messie par ce fils d'un grand-prêtre, il s'applique et se laisse appliquer les idées messianiques, si populaires de *Libérateur national*. Comprenant la force des croyances religieuses, il essaie d'électriser, de soulever les masses par cette puissance. Il annonce la délivrance prochaine de son peuple, y joint la promesse du plus magnifique avenir, d'un *règne de Dieu*, de je ne sais quel royaume céleste *qu'il se garde bien de définir*, *qu'il ne démontre pas* et pour lequel il demande une *foi absolue* ! Il entreprend une association énergique, durable, dont il choisit, façonne, éprouve les éléments, et se pose comme chef suprême, en qualité de Messie (oint d'huile), de fils de l'homme par excellence, *de fils de Dieu* (sans prendre *strictement* cette dernière qualification ! il s'en défendait, au contraire, en répondant : « N'est-il pas écrit, dans le psaume : Vous êtes tous dieux et fils du Très-haut) »,

Après avoir échoué, quand il fut livré, par les autorités juives, à la politique romaine qui le crucifia et qu'il eut été sauvé de la mort par quelques amis dévoués et puissants, il disparut de la scène, soit qu'il « en eût assez, » soit qu'il voulût favoriser la *foi* vulgaire à sa prétendue résurrection miraculeuse, et accoutumer ses disciples à se passer de sa présence. Il ne se montrait plus que rarement et à quelques fidèles : mais, surtout aux chefs, afin de compléter ses enseignements.

Puis, comprenant, avec Annibal, qu'il fallait vaincre les Romains dans Rome, sachant, aussi, que tout Dieu, toute grande idée de réformes sociales devaient aller à Rome pour y recevoir la consécration du génie et de la civilisation : imbu, d'ailleurs, de ce prosélytisme juif qui s'établissait dans les centres, les mouvement populeux et commerciaux, il dit à ses disciples : « Allez, baptisez les nations en mon nom, » ce qui signifiait : Rendez ma nouvelle société accessible à tous les peuples, aussi bien qu'aux Juifs, en brisant les entraves de la loi judaïque. Et suivant les rites de la Synagogue, lorsqu'elle conférait le titre de docteur aux adeptes, il étend les mains sur ses apôtres en disant : « Tout ce que vous délierez sera délié; tout ce que vous lierez sera lié... Le ciel remettra les péchés remis par vous : ceux que vous retiendrez, il les retiendra. » C'est-à-dire, d'après le sens attaché à ces expressions par la Synagogue : « Nous vous reconnaissons la science nécessaire pour juger conformément à nos lois et prononcer entre le bien et le mal. »

Selon la cérémonie d'usage (*Bible* de l'abbé Sionnet) il souffla sur eux, disant : « Recevez mon esprit, » comme s'il eût dit : Inspirez-vous de mes sentiments, souvenez-vous de mes instructions! Désormais, vous possédez toute puissance pour gouverner mon association. Le souffle était dans la Genèse, *comme chez les Indous,* signe de pouvoir et de bienveillance. Ainsi, nous voyons Jésus-Christ s'inspirer du milieu où il vit, des idées provenant de pays divers, qu'il respire dans l'atmosphère de la Palestine. — Traditions, pratiques indoues admises parmi les docteurs juifs, et faciles à reconnaître. Telles que : ablutions, onctions d'huile, consécration de pains mystiques, ordres hiérarchiques, impositions emblématiques des mains, langage parabolique, locutions symboliques, lui et ses associés adoptèrent et conservèrent toutes ces choses. Elles servirent de bases à la théoriedes sacrements que le catholicisme éleva dans la suite. (J. de Maistre, *du Pape.*)

Quand il choisit Pierre pour successeur et chef, il lui confère les pouvoirs universels que s'attribue tout fondateur, ratifie, d'avance, direction, institutions, décision qu'il jugera nécessaires, en disant :

« Je te donnerai les *clefs* du royaume céleste. » Il se sert d'un emblème brahmanique adopté par les synagogues juives (1). Dans les mystères d'Eleusis, les prêtres revêtus d'une robe de pourpre, portaient une clef pendue aux épaules: c'était le symbole des divinités infernales, et, pour eux, celui du secret qu'ils devaient garder (Sainte-Croix, Myst.) C'était, aussi, l'attribut du Dieu Temps qui présidait aux saisons, aux armées. Janus, Hercule, le dieu Œson, surtout portaient à la main une clef. (*Journal des savants*, avril 1853).

Jésus-Chrit ajoute : « Tout ce que tu pardonneras, sera pardonné ; tout ce que tu retiendras sera retenu. » Il savait par expérience que toute société humaine doit compter avec la faiblesse de ses membres : car bon nombre de ses disciples l'avaient abandonné ou trahi en diver-

(1) La Tiare du Bramatma, ou souverain Pontife, porte deux clefs croisées; soutenues par deux prêtres agenouillés. Elles « figurant » les clefs du trésor qui renferme le triangle d'or sur lequel sont empreints un Soleil et le nom mystérieux du Dieu. (Jacolliot, *Fils de Dieux*, p. 272.

ses circonstances. Il faudra donc admettre à réconciliation ceux qui manifesteraient du repentir. Mais combien de fois peut-on pardonner? — « Quatre cent quatre-vingt-dix fois, répondit-il à Pierre. » (Ev. selon Jean. c. 20.)

Chez les Juifs, à la fête des expiations solennelles, on allait solliciter le pardon de ceux qu'on avait offensés : le refusaient-ils? on l'implorait de nouveau en présence de trois témoins et si après une troisième visite, ils demeuraient inflexibles, le suppliant était réputé absous, innocent devant leur Dieu. (Nombres c. 3. v. 6.). Autre mode de *Police* appelée *correction fraternelle :* on avertissait en secret le délinquant; puis on recourait à la conscience publique. Ces moyens épuisés, l'assemblée des Juges lui dénonçait, avec menaces, qu'il eût à réparer le mal, les préjudices; elle le conjurait dans quatre sabbats consécutifs, proclamait son nom avec la nature de son péché; enfin elle employait une mesure extrême, celle de l'excommunication mineur ou majeure : celle-ci excluait absolument de la société des Juifs, l'autre ne séparait point des repas religieux. Tout prêtre, tout simple particulier pouvait excommunier. (Sionnet, notes).

Eh bien! que veut Jésus-Chrit? « Si ton frère pèche contre toi, représente-lui sa faute en particulier : l'avoue-t-il? Tu as gagné un frère, si non, prends un ou deux témoins de ta démarche; en cas de refus, informe l'assemblée.

Ne l'écoute-t-il pas davantage? Regarde-le comme païen ou publicain. Je vous l'affirme: tout ce que vous aurez lié sur la terre, le sera aussi dans le ciel; tout ce que vous délierez, y sera délié. » Il prescrit donc presque dans les mêmes termes que le livre des Nombres cette *correction fraternelle*, conforme aux mœurs du temps, personne n'en méconnaît l'utilité pour conserver l'union entre coreligionnaires, co-associés, concitoyens.

Cette prescription rappelait encore les charisties grecques et romaines, fêtes établies dans le but de pacifier les familles désunies. L'aveu des torts amenait la réconciliation et la bienveillante indulgence. On se traitait, on se faisait des présents, on offrait en commun de l'encens aux parents morts, en signe de parfaite amitié.

Mais dans ces pratiques païennes, juives, chrétiennes, deux choses nous frappent. 1° Quelles fautes poursuit et remet l'assemblée? Uniquement les infractions aux lois sociales, elles seules sont de son ressort. 2° Après avoir constaté la bonne disposition d'un coupable qui demande pardon, elle s'unit à ses sollicitations; mais à l'offensé, seul, appartient le droit de remettre le péché; donc, en ce sens, chaque particulier possède les *clés* ainsi que Pierre. Sur les paroles de Jésus-Christ, saint Augustin, quoique fort jaloux des prérogatives sacerdotales écrit: « Si votre frère coupable d'injustice à votre égard, vous refuse satisfaction, vous le liez en ne lui pardonnant pas ; s'il répare son tort et que vous tombiez d'accord, vous l'aurez délié sur la terre : interprétation confirmée par l'évangile selon Luc (c. 17, v. 34), et par ce texte de l'apôtre Jacques : « Confessez-vous les uns aux autres. » Enfin, on lit dans les Actes des apôtres que beaucoup, soit Juifs, soit gentils, avouent à Paul leurs mauvaises actions, ainsi que d'autres s'étaient confessés à Jean-Baptiste. Donc, le nouveau testament, conserve à la confession son caractère primitif, originel. Malgré cela, les théologiens prétendent que Jésus-Christ l'éleva je ne sais à quelle dignité de *sacrement* et en fit une source mystérieuse, inépuisable de grâces. « Sur ce point, comme sur les autres matières, dit J. de Maistre, qu'a fait le christianisme? Il s'est emparé des inclinations de l'homme, de ses *croyances* éternelles et universelles... et, sur ces bases naturelles, il a établi sa théorie surnaturelle de la confession sacramentelle (du Pape, l. 3, c. 3). » Allons donc? messieurs du passé? En ministres divins, vous devez la plus haute certitude, et vous parlez de *croyances*! Quel fondement à votre *théorie*? quelle logique? quelle impuissance désolée! Vos termes mystiques n'exercent plus la magie des illusions ; vos *signes de grâces*, ou *emblèmes* de *secours spituels*, vos expédients sacramentels ne produisent sur les imaginations trompées qu'une surexcitation éphémère, peu efficace, nullement divine. Prétendez-vous que Jésus-Christ, sous prétexte de sanctifier les membres de sa société, ait voulu user de la *police confessionnelle*, selon vos règles en manière de jonglerie politique? Vous l'abaissez du trône céleste au niveau d'un Machiavel! Vous ôtez à l'âme dévote son idéal adoré, vous tuez son sacré-cœur!

Maintenant, esquissons à grands traits l'exercice du sacrement de pénitence. Toute religion fausse dans ses dogmes, vicie fatalement, nécessairement, ses œuvres sociales. Son sacerdoce inocule ses vices, et déprave les plus nobles caractères, les meilleures institutions.

1er siècle, — Voyons à l'œuvre le chef même.

Deux époux, Ananie et Saphira, apportent à la communauté naissante le prix de leur bien vendu; néanmoins, ils retiennent un léger pécule; *c'était leur droit.* Infraction! mensonge! s'écrie Pierre, et il les *punit de mort*, les fait porter au tombeau vite, *secrètement*, avant le jour (*Actes des Apôtres*). Nos Théologiens conviennent que cette retenue ne constituait nullement péché mortel, ne blessant ni la loi naturelle, ni la loi divine. Ils osent même bien espérer du salut des deux victimes, et avec d'autant plus de justice que l'irritable apôtre les saisit au piége et les frappa sans leur donner le temps de se repentir.

Cependant, ce meurtrier de deux fidèles, pour simples bagatelles, était accusé d'hypocrisie par Paul, qui lui résistait en face, lui reprochait de scandaliser les nouveaux converti d'entre les gentils, de méconnaître l'esprit de Jésus-Christ, de nuire à la propagation de la foi, à l'extension de leur société parmi les nations. Pierre, à son tour le taxait de complaisance envers les païens, le contraint de protester en pleine assemblée de son dévouement au judaïsme, et son fougueux collègue devient non moins hypocrite. Mais, échappé des mains du vindicatif et terrible chef, de retour au milieu des gentils, leur apôtre dévoué recommence « à se faire *tout à tous*, afin de les gagner à Jésus-Christ. » Pierre le suit de l'œil, le *surveille* par des émissaires, le cite à comparaître de nouveau devant une assemblée à Jérusalem. Paul, quoique promettant toujours de s'y présenter, se garde bien d'en rien faire. Il se souvenait d'avoir failli y être mis en pièces et savait le sort qui l'attendait de la part des zélés sans cesse armés contre les déserteurs du judaïsme, aussi bien que contre les Romains; car, si le *Maître* avait choisi pour apôtre Simon surnommé le *zélateur*, le pape possédait pareillement dans sa compagnie de ces sbires ou alguazils, (N. T. Actes. Rodrigues 1ers et 2mes chrétiens).

Instruisons-nous encore à l'école de Paul. Il écrit à ses co-religionnaires corinthiens, de juger, d'expulser tout fidèle fornicateur, avare, idolâtre, ivrogne, voleur. Il ordonne l'excommunication, peine de mort (selon l'abbé Sionnet) d'un incestueux. Il défend expressément de recourir à d'autres tribunaux que ceux de l'association. (Ep. c. 5-6.)

Dès que les apôtres, ou leurs collègues réussissaient à convertir quelques personnes dans une ville, ils y établissaient un évêque-surveillant ; celui-ci choisissait ses agents, ses espions, imposait aux *croyants* l'obligation rigoureuse de se *dénoncer mutuellement*. L'une de ses plus importantes fonctions consistait à présider l'assemblée. En présence de son clergé, il écoutait : aveux spontanés, délations, corrections fraternelles et, seulement après cette épreuve, il admettait au repas nommé agapes ? (Soit repas fraternel, soit communion commémorative). Denys l'aréopagite parle de ce prêtre qui remet les péchés (lett. à Dengo). Clément, successeur de Pierre poussait ses ouailles à confesser leur fautes, même de simple pensée.

IIme siècle. — Irénée, parle de femmes confessant en pleine assemblée leurs amours, puis, de Cerdon, qui vivait dans une alternative d'aveux et de rechutes. Nulle trace de cette pratique en Justin, Athénagore, Minthius. Clément Alexandrin la mentionne en deux mots seulement. Le mode de nos cérémonies expiatoires consiste dans l'aveu. (Str. I. S. 11).

Tertullien engage à s'accuser à Dieu, lui seul ayant le pouvoir de remettre les péchés commis contre lui (Pied. c. 4); quant aux Papes, gardiens de la discipline et à l'église, ils ne peuvent pardonner que les fautes commises contre eux, ce qu'ils doivent faire jusqu'à quatre-cent-quatre-vingt-dix fois : La puissance de lier ou de délier accordée à Pierre, n'implique point la rémission des principales prévarications (C. 21), elle ne peut être faite par l'Église qui réside dans le corps épiscopal : ce droit n'appartenant qu'au Seigneur, non à ses ministres ; à Dieu, non à ses prêtres... Mais toi (pape Zéphirin), tu étends ce privilège jusqu'à la personne des martyrs. Quelques-uns de ta communion ont à peine porté des chaînes dans leurs prisons, si faibles qu'elles soient, qu'aussitôt fornicateurs, adultères, les environnent de tous côtés; partout retentissent les prières, débondent les larmes des hommes les plus souillés; personne n'achète plus l'entrée des prisons que ceux qui ont perdu l'entrée volontiers de l'église. Ils font violence à la pudeur des femmes et des hommes. Au milieu de ces ténèbres trop familières à leurs dissolutions, demandent la paix à ceux qui ne sont pas sûrs de la leur. (c. 22). « Les fidèles coupables de fautes graves, pour obtenir une réintégration dans l'assemblée se prosternaient devant prétres, vierges, veuves, martyrs, avec le cilice et la cendre, défigurés à faire horreur; les prenant par leurshabits, embrassant leurs genoux, baisant leurs pieds: voilà le mode de réhabilition dans l'église catholique. De même, avant d'admettre au baptême les adultes catéchumènes, on les obligeait à l'aveu public de leurs fautes.

Remarquons l'origine de ces fameuses indulgences qui, plus tard, vaudront tant de richesses aux évêques et aux couvents, à la cour des papes. Le Christianisme les a imitées du Brahmanisme comme son meâ culpâ (*Christna*, 84). Elles consistaient dans la rémission des peines disciplinaires, dans les pardons accordés à la sollicitation des martyrs, ou autres saints personnages : les catholiques, dans le but de recruter leur parti plus facilement, de le maintenir plus nombreux que les autres sectes chrétiennes, absolvaient de toutes sortes de péchés et de toutes récidives. Néanmoins, dès cette époque de primitive ferveur, on aperçoit une forte répugnance à dévoiler publiquement sa conscience, si l'on en juge par les exhortations pressantes de notre ardent prêtre Tertullien qui excitait à braver la honte, les railleries, en se soumettant aux aveux publics, aux pénitences canoniques et corporelles (Pénit. c. 8 et suiv.)

Origène exhorte à se confesser à Dieu (Celse, 1. 3 c. 64). Il indique trois moyens d'obtenir pardon, puis un quatrième consistant à ne pas rougir de déclarer ses péchés, et à choisir le remède efficace; laissant toutefois à chacun le libre choix de ces moyens. (Hom. 5). Ce professeur de l'école d'Alexandrie connaissait Manou qu'il copie textuellement. Une autre deuxième homélie que plusieurs lui attribuent, enseigne liberté de s'accuser spontanément, de choisir à qui découvrir sa conscience comme chacun choisit le meilleur médecin. Si ce directeur conseille la confession publique, il faut s'y soumettre. Ailleurs, il pousse à dévoiler devant tous, les péchés, même les plus secrets, (Hom. 3.)

IIIe siècle. — L'évêque Cyprien présente expressément l'aumône comme seul moyen de se purifier des transgressions commises après le baptême; sans elle, prières, jeûnes, restent inefficaces. (Mis. et An.) Ailleurs il loue ceux qui s'accusent même d'une simple pensée d'apostasie: il exige un aveu public des autres qui avaient abjuré le christianisme, appelant cette pratique « la discipline du Seigneur » (l. 11), à laquelle il exhorte fréquemment, (l.3. 10, 12, 13). Après avoir écrit: « Puisqu'il n'y a pas de confession au delà du tombeau, il faut ouvrir l'entrée de l'église à ceux qui, touchés de repentir, demandent à y entrer, sauf à les réserver au jugement du Seigneur !! il ajoute: « mais, apostats, déserteurs et ennemis du Christ, tous ceux qui déchirent l'unité de l'église fussent-ils immolés au dehors pour son nom, l'apôtre défend de les admettre à la pénitence, parce qu'ils ont rompu avec l'unité de l'esprit et de l'Eglise. » (L.51) Cette *police confessionnelle* imposait aux uns des raffinements de tortures morales et corporelles; aux autres, le désespoir par le refus de la réhabilitation, à ceux qui n'imploraient la réconciliation qu'au dernier moment, elle la refusait « afin que l'heure suprême n'eût point de consolation pour eux. » Pourtant il se ravisa : « c'est bien assez que beaucoup de nos frères, dans le cours des années précédentes, aient quitté ce monde sans les consolations de la paix (l. 66 et autres). Sérapion, un vieillard que l'assemblée chrétienne avait rejeté de son sein « fut réconcilié au moment de son agonie, par la communion du pain trempé. » Certain empereur Philippe, contre lequel l'Eglise avait des griefs, se soumit à une pénitence notoire. Quelquefois des *diacres* délégués portaient ces consolations de la paix, dont le signe ou la forme, d'après Cyprien Firmilien, le pape Etienne, était l'imposition des mains, symbole fréquemment employé par les anciens pour diverses choses. Plus tard, l'absolution se transmit, même *par lettres*.

IVe siècle. — A l'exemple du monarchisme bouddhique, les moines chrétiens professent extrême rigorisme, haute perfection; tiennent en vigueur, en grand honneur, les aveux publics. Au récit de l'évêque Athanase, saint Antoine, — ce patriarche des cénobites, — exigeait de ses disciples qu'ils écrivissent leurs pensées intimes, afin de s'en rendre compte les uns aux autres et de s'adresser mutuellement *correction fraternelle*. Cassien, autre moine célèbre, exhortait à confesser, devant tous, les choses les plus cachées, avec cette restriction, pourtant, que « si on ne l'osait pas, il suffisait de s'accuser à Dieu qui connaît tout. » (Conf. 20. c. 8). Lactance, Paulin, le concile de Laodicée, les évêques Athanase, Hilaire, Basile, Grégoire, de Nazianze, Grégoire de Nysse, engagent vivement aux aveux soit publics, soit secrets, et en relèvent les avantages pour l'extirpation des vices.

Primitivement, les fidèles assemblés en jury, forme de gouvernement démocratique, entendent confessions ou délations, prononcent les jugements. Mais, avouer des crimes devant la multitude, quelle sotte imprudence! comment compter sur sa discrétion? n'est-ce pas se livrer entre les mains des magistrats civils? Aussi, l'usage prévalut de confesser les fautes secrètes seulement en présences des prêtres réunis. Restreinte à ce cercle étroit, cette *police* devenait moins pénible, moins infamante, moins dangereuse; « plusieurs endroits s'empressèrent d'accueillir cette réforme. » (Mabillon, 1. p. s. 3. B.) Puis, soit que cette modification soulevât encore une forte répugnance des fidèles ou que leur multiplication rendît ce mode peu praticable, soit, enfin, que les évêques, le trouvant trop aristocratique, voulussent concentrer entre leurs mains l'autorité entière, on permit de se confesser à un seul. Jésus-Christ, disent les théologiens, n'ayant prescrit aucune forme exclusivement, l'Eglise se *prétend libre* d'adopter celle qui lui convient ,suivant les personnes, les lieux et les temps. « D'abord, assure Sozamène, on usa du mode auriculaire, parce qu'on jugeaitodieux,insupportablededivulguer ses crimes : pour ce motif, on choisit parmi les prêtres le plus recommandable par la pureté de sa vie, sa discrétion, sa prudence ; il entendit, seul, les confessions des pécheurs, indiquant à chacun les expiations convenables, puis absolvait: coutume conservée dans presque toutes les sectes, surtout par l'Eglise romaine (l. 17. c 16). « Ambroise, évêque de Milan, confessait les pécheurs, conservait les secrets rigoureusement, laissant aux autres évêques le bon exemple d'être intercesseur devant Dieu, plutôt qu'accusateur devant les hommes, » dit Paulin, son biographe : dure critique que les *surveillants* méritaient, paraît-il.

Un concile de Carthage défend aux prêtres de réconcilier publiquement, réservant ce droit aux seuls évêques (390). Un concile de Constantinople créa l'office de Pénitencier qui consistait à veiller sur les mœurs des fidèles, à recevoir les dénonciations, à confronter l'accusé avec les témoins, ou contraindre à comparution; à entendre les aveux de ceux qui se soumettaient à la pénitence publique, examiner s'ils s'acquittaient exactement des expiations réglementaires, à les éloigner de la participation aux sacrements jusqu'à ce qu'ils les eussent accomplies en toute rigueur. L'épiscopat ne déléguait à sa place que des intimes, imposait la loi du secret vis-à-vis des laïques, mais se réservait le droit de tout savoir ; ce qui, remarquons-le en passant, démontre, déjà, la franche piperie du secret *prétendu* inviolable, et le leurre des naïfs pénitents abusés.

Cependant, vers 390, la plupart des églises d'Orient abolirent l'office de Pénitencier. Voici à quelle occasion : A Constantinople, une « dame de qualité » se confessa d'avoir eu commerce avec un diacre. Le fit-elle en public, ou le prêtre révéla-t-il son secret? Les auteurs disputent sur cette question. Mais, le patriarche Nectaire abolit la confession, laissant à chacun liberté de participer aux mystères, suivant les inspirations de sa conscience. Cette mesure, conseillée par le prêtre Eudémon choqua l'historien Socrate qui raconte ces faits et lui dit; « Si vous avez donné un conseil utile à l'Eglise, Dieu le sait; toutefois, il enlève aux fidèles l'occasion de se « reprendre » les uns les autres, selon le précepte évangélique: ne participez point aux œuvres infructueuses; corrigez-les au contraire. » (l. 5. c. 10.)

Ve, VIe siècles. — Successeur de Nectaire, Jean Chysostôme, tout en disant : « Rien de plus funeste au péché que d'en faire l'aveu, » ne rétablit cependant point cette obligation: loin de là, il enseigne expressément, répète dans un grand nombre de passages, qu'il suffit de s'accuser à Dieu seul. (Homél. 2, 4, 9, 27, 30, 31, 50, 57, 68, cath. 23.) Ceci nous rappelle un trait cité par Plutarque. Un prêtre païen prétendait confesser un citoyen de Sparte. — « Est-ce à toi, ou à Dieu que je me confesse ? — A Dieu. — En ce cas, homme, retire-toi. « On prête même réponse à Marc-Aurèle.

Les écrits de Nil, de Sozomène, de Julien Pomère, de Jérôme, parlent de correction fraternelle et de confession à Dieu. Mais d'après Augustin, celui qui refuse de s'accuser au prêtre « frustre les *clés* de l'église. » Ailleurs il pousse les femmes à dénoncer à l'assemblée leurs maris pécheurs et infidèles. Les manuscrits découverts récemment en Egypte, dans un couvent de la vallée de Nitra, confirment, non seulement les divisions de l'Eglise jusqu'au septième siècle, mais aussi le triste et inefficace usage de sa *dévote police.*

En Espagne, un concile de Tolède se plaint qu'on s'approche du sacrement de pénitence d'une manière « détestable (fœdissime). » A

Rome, le pape Innocent prescrit des règles pour l'absolution des pénitents : mais règlements, exhortations, conciles de l'époque, attestent l'invincible répugnance manifestée par tous pour « la *Police des aveux publics,* » jugée révoltante, abusive, nuisible à la religion. Le pape Léon la qualifie de « coutume blâmable, d'usurpation illégitime, contraire à la règle apostolique (l. 136). » Il met à l'extirper autant de persévérance, de fermeté, que d'autres avaient employé d'opiniâtreté, de violence à l'établir, à la conserver. Malgré cela, feu l'abbé Guillois, curé de N.-D.-du-Pré, au Mans, de très lascive mémoire, exposait aux enfants cette discipline comme très propre à faire des saints (Conf.). Quant à nous, remarquons : 1° la tendance des pontifes romains, infatigable sur tous les points, vers une concentration d'autorité absolue, vers le pouvoir monarchique. 2° Une maigre et piètre manifestation de divinité dans ces variations et contradictions de *Police sacrée,* dans son immoralité déclarée *par décision papale!* « Le doigt de Dieu paraît dans l'établissement et le triomphe de cette institution, disent pourtant ces théologiens ; autrement, comment l'expliquer ? » Eh bien ! cette explication, nous la connaissons maintenant. L'Eglise chrétienne se composait primitivement, sachons-le, presque exclusivement, d'une masse profondément ignare, esclave asservie aux pratiques superstitieuses, et qui ne délaisse ses vieilleries qu'en les retrouvant sous des formes nouvelles, ou « repétries » avec des idées plus raffinées.

Nul n'oserait vanter davantage les lumières, le judicieux discernement de la foule catholique au moyen âge, du moins pendant sa première moitié. Ceux qui auraient peine à comprendre qu'une pratique, aujourd'hui ridicule, avilissante, ait pu s'établir partout et durer si longtemps, n'ont qu'à regarder autour d'eux; ils en apercevront mille autres tout aussi déraisonnables, auxquelles cependant on ne s'avisera jamais de supposer *un secours divin*.

« Quoi! l'allégation théologique oublie que Brahmanisme, Bouddhisme : quatre cent millions ; —Mahométisme : soixante millions, — Paganisme, — en un mot, toutes les religions sont farcies de pratiques grotesques ou affreuses ! Ces innombrables populations s'y attachent, y clouent leur vie depuis des milliers d'années : faut-il pareillement y reconnaître le *doigt de Dieu?* Ces cultes religieux persuadent aux hommes les sacrifices humains, leur crédulité les accepte; aux femmes tous les genres de prostitution, leur crédulité s'y soumet ; aux deux sexes cent inventions raffinées de martyre (Voyez les Fakirs indiens), leur crédulité les accueille avec joie; aux mères, l'immolation de leurs enfants, même dans d'atroces supplices, leur crédulité subit l'exigeance monstrueuse. Toutefois, le triomphe de ces horreurs paraît-il à la théologie un *secours divin*? Ne l'explique-t-elle que par la grâce surnaturelle? Ah! pauvre système! s'il n'eût eu d'appui que ses prétendues preuves!... Mais il en trouvait un puissant dans la bêtise des uns et dans l'intérêt des autres.

VIIe siècle et suivants. — Chose singulière! quoique les catholiques dussent naturellement préférer la confession auriculaire, le mode public subsista néanmoins dans l'Église latine jusqu'au IXe siècle (Raban-Maur l'atteste, 1, 21, 30); maintenue, soit par ce zèle exalté bizarre qui est de tous les temps, soit par une maligne ironie des contradicteurs toujours nombreux qui prennent plaisir à s'opposer aux plus sages réformes; les uns criaient au relâchement de la discipline, s'évertuant à braver les railleries, à se couvrir de mépris sous prétexte d'humilité, de récompenses célestes; d'autres s'amusaient des scandales, jouissaient du déshonneur des dévots imbéciles.

Par le rituel de Jean-le-Jeûneur, on voit l'usage de s'accuser en particulier. L'évêque Eloi fait une confession de sa vie entière. Chrodegaud ordonne à ses religieux de déclarer leurs péchés une fois l'an. Théodulphe défend, sous peine d'excommunication, de cacher ses fautes. Pierre Lombard, les conciles de Châlons (693), de Cantorbéry, attestent la pratique des aveux secrets. Mais, Robert, évêque du Mans, édifie ses collègues en s'accusant par lettre et se reconnaissant coupable de crimes, dignes du supplice du feu (Boudonnet). Enfin, on nomme les confesseurs de quelques princes du IXe siècle.

Quelques sectes primitives du christianisme rejetèrent la confession tandis que d'autres (Nestoriens, Jacobites, Maronites), en conservèrent assez longtemps les vestiges. Les Jacobites d'Egypte, dégoûtés par ses abus, la délaissèrent vers le IXe siècle. A la même époque, plusieurs patriarches cophtes suivirent l'exemple. (Perpétuité de la foi, f. 3). Suivant un auteur égyptien, les chrétiens d'Ethiopie, au lieu d'avouer leurs fautes à un prêtre, les accusaient bien bas devant la cassolette où brûlait l'encens, usage en vigueur au XIIe siècle et approuvé par les patriarches Jean et Marc (ibid. p. 96). Pareil abandon prouve, d'abord, peu d'estime pour le prétendu sacrement, et, ensuite, contre l'administration exclusive du clergé.

On sait que le chevalier Bayard, à défaut de prêtre, déclarait ses péchés devant le pommeau de son épée, à l'exemple du connétable de Chypre accusant les siens au sire de Joinville qui répondait : Je vous absous autant que j'en ai le droit. Une confession telle, saint Thomas d'Aquin la qualifie « sacrementelle en quelque façon. »

Voici bien autre chose ! le père Martène convient que pendant longtemps les abbesses exercèrent sur les religieuses la *juridiction confessionnelle*; la règle de saint Basile les autorise à le faire conjointement avec le prêtre. Une règle monastique d'un auteur inconnu; celle de Donat, évêque de Besançon, d'autres monuments encore constatent *leur droit*. Au contraire, les capitulaires leur interdisent bénédiction et imposition des mains. Un patriarche, Marc, ayant consulté Balzamon sur l'opportunité de conserver l'antique coutume, le célèbre canoniste répondit négativement; et, par ordre du pape Innocent III, les évêques espagnols de Valence, de Burgos, leur défendirent de confesser et de prêcher en public.

Piquante remarque. — Au XIIe siècle, au commencement du XIIIe, grande question s'agitait dans les écoles, animait les esprits : la confession est-elle de *droit divin*! Le docte Hugues de Saint-Victor, après avoir cité ces paroles de l'apôtre Jacques : « Avouez vos fautes les uns aux autres, » prétendait que Jésus-Christ n'avait point imposé le précepte de détailler ses péchés comme il avait donné l'ordre de les remettre ou de les retenir. On voit qu'il ne s'agit nullement du mode, soit public, soit particulier, ainsi que voudraient le faire accroire, avec le père Denys de Sainte-Marthe, les théologiens modernes, s'évertuant à expliquer le moins défavorablement possible, un si malencontreux aveu. Mais, comment Jésus-Chrtst prescrirait-il la confession, puisque, d'après le concile de Trente, il n'exprimait ni l'un ni l'autre mode? Voici encore, du même avis, Gratien, célèbre compilateur du droit ecclésiastique, et Senèque, son commentateur. Le texte, il est vrai (c. 89), depuis la *correction* du pape Grégoire XIII, paraît obscur au théologien feu Bouvier, — Evêque du Mans, — qui termine par un « quoi qu'il en soit » et n'en accuse pas moins — assertion audacieuse, un peu contradictoire et risible — saint Thomas, docteur angélique, saint Bonaventure, docteur séraphique, saint Antonin, autre grand docteur, de « n'avoir pas lu attivement Gratien » parce qu'ils soutiennent que le susdit précepte *divin* n'était ni reconnu de tradition constante, universelle, ni défini avant la décision du Concile de Latran. (th. t. 3).

A ce trait de conscience embarrassée et peu sincère, on reconnaît la *religion politique du grave surveillant* qui, pour le bien de la société, induisait en erreur les jeunes séminaristes dont la foi naïve allait ensuite tromper les ouailles.

CHAPITRE III

Deuxième évolution de la confession chrétienne depuis l'an 1213.

Au commencement de notre ère, l'empire

romain comptait vingt millions de citoyens et cent millions de non-citoyens, d'affranchis, de prolétaires, d'esclaves, (Châteaubriand, *Etudes*). Ceux-ci écartés des temples privés, de l'initiation aux mystères religieux, accablés de leur sort, avaient adopté avec enthousiasme, partout où elle s'offrait, la nouvelle association qui leur procurait, sinon liberté entière, du moins une espèce d'affranchissement. Fiers de s'y trouver égaux ou supérieurs aux maîtres enivrés de promesses brillantes pour une autre vie *prochaine* et piqués d'émulation, ils avaient bravé publicité des aveux, pénitences longues ou terribles.

Toutefois, l'excès du pouvoir d'un côté, le supplice, de l'autre, n'avaient pu durer, et pour un Constantin, un Théodose, quelques autres qui s'étaient soumis à la pénitence publique, bientôt on ne vit plus qu'une multitude *ânière* s'accuser devant tous humblement : « J'ai souvenance — qu'en un pré de moine passant — la faim, l'occasion, l'herbe tendre et je pense — aussi le diable m'y poussant — je tondis de ce pré la largeur de ma langue (Lafontaine). »

A son tour le mode auriculaire ayant prévalu, puis suscité nombreux scandales, abus monstrueux, on l'avait délaissé; partout il tombait en désuétude ; on n'en faisait pas plus de cas que de toute autre loi ecclésiastique, dont chacune avait son temps d'efflorescence et de ferveur, suivi de son impuissance et de sa chute.

Pourtant, quel moyen d'action, quel véhicule pour les ordres du Vatican, quel précieux avantage, quelle *Police d'un raffinement exquis*, que ce sacrement qui pénètre, fouille au fond des cœurs, s'en empare si finement, les maîtrise avec une énergie toute puissante? Si l'on pouvait le faire accepter des *croyants*!! Quelle tentation pour la papauté déjà fortement établie, prépondérante, qui aspirait à régir l'univers, à dominer princes et peuples d'un pouvoir absolu! Ce grand mot, ce prodigieux talisman *de droit divin*, formidable aux uns, séduisant les autres de ses couleurs spécieuses. La théocratie éprouvait le besoin de ce complément pour atteindre son idéal de perfection.

Alors paraît sur la scène cette mâle figure d'Innocent III, un de ces brahmes antiques, inventeurs, fondateurs du sacerdoce. Pénétré de l'esprit de Grégoire VII, cet autre Manou, législateur, comprenant ses idées, ayant à cœur de les réaliser. Il se sentait heureusement secondé par un certain nombre de ses collègues, de ces Chyrsès et Calchas d'Homère, — prêtres rusés d'Apollon et de Vénus. La plupart des évêques et chefs d'ordres monastiques ressemblaient à ces prêtres égyptiens qui, devant Pharaon, faisaient assaut de jongleries aves Moïse, leur élève transfuge; à ces prêtres juifs, jaloux des dignités, Anne et Caïphe, qui abandonnèrent leur compatriote Jésus aux mains de Pilate: à ces druides et augures avides de puissance et d'or. L'esprit féodal les pénétrait, les caractérisait, les maculait. Réunis à Rome, ces pères se concertent. L'Europe semble asservie sous le *joug* de la *foi*, par persuasion, par intérêt ou contrainte; les voies paraissaient assez préparées, les circonstances favorables.

D'autre part, néanmoins la raison humaine manifeste des velléités de rejeter ses vieux langes, camisoles de force, et de chercher à retrouver son chemin, à jouir de sa liberté! Elle se révolte dans quelques cours princières, même parmi le clergé, au milieu des couvents, contre l'absurde des croyances. Elle soulève ça et là de terribles protestations; elle excite des colères menaçantes contre les oppresseurs, les spoliateurs, contre la guerre sans cesse renaissante et la servitude perpétuelle, contre fourbes et hypocrites, contre la tolérance criminelle des iniquités! Alors, les évêques posent le doigt sur le pouls, la main sur le cœur du corps social; ils pressentent les agitations violentes d'un esprit nouveau. Pour en combattre l'avènement, ils jugent pressante la nécessité du dogme nouveau, dont les hauts dignitaires du clergé, assemblés dans l'église de Latran, en 1215, proclamèrent la *police confessionnelle* : un sacrement d'institution divine. (Gousset, théo. t. 2, n° 401).

Et le tour est joué? Aussitôt, on commande de cesser dans les écoles toutes disputes sur ce point. Si la peste eût pu distribuer places, jarretières, richesses, pensions, elle n'aurait point manqué de théologiens, de jurisconsultes prêts à déclarer son règne de droit divin, et coupable au premier chef toute volonté de s'y soustraire.

Ah! combien ils se trouvèrent heureux, cet Innocent III et ses collègues du concile, d'avoir tout osé! Ils durent s'applaudir du *droit divin* et du précepte de la confession annuelle comme d'une œuvre de génie. Rois et princes y trouvent leur compte : on leur persuade que, désormais, les peuples, — brebis inoffensives, — abandonneront docilement leur toison, leur peau, leur chair; que le prêtre aura l'oreille fine, la voix forte du chien bien dressé — *domini canis* — Rois et princes approuvent!

Aux peuples on représente la terre transformée en paradis de délices ; ils se taisent, attendent et obéissent en espérant un royaume de Dieu!

Le clergé, fier de sa caste *privilégiée*, alléché à l'aspect de nouveaux avantages, sans songer qu'il pourrait bien se trouver, un jour, rangé parmi les moutons, s'empresse d'accepter, de soutenir la loi nouvelle.

D'ailleurs, s'avouer dupe, coûte à l'amour-propre! avertir les dupes? Quel danger! car, vite, on sacrifie cet orgueilleux, ce turbulent, cet impie, cet hérétique au bénéfice de la haute hiérarchie!

Le monarchisme, surtout, habituellement dévoué aux ordres des pontifes romains, déploie son zèle avec joie dans les expédients surnaturels, miraculeux, — stratagèmes qui manquent rarement d'effet auprès des masses ignorantes!

Dès lors, depuis l'enfant jusqu'au vieillard moribond; de l'oreiller des époux jusqu'au cachot; de la cabane jusqu'aux palais existe une savante organisation de *police ecclésiastique.*

Conclusion de la deuxième évolution.

Ainsi, le concours de tant de moyens artificieux, en rivant un dernier anneau à la chaîne de nôtre esclavage, servait admirablement les ambitieux desseins de la cour pontificale, son rêve brahmanique de vaste domination *absolue.*

Pénétrée de cet axiôme de Grégoire VII : « celui qui est maître du spirituel, l'est à plus forte raison du temporel, » elle se rend maîtresse des consciences *par la Confession. — Police intelligente, universelle, mystérieuse, sacramentelle, de droit divin, qui les remet toutes comme une seule dans ses mains.* — Désormais, la société entière devient son domaine assuré, sa tranquille possession... doux songe!

CHAPITRE IV.

Tyrannie du Confessional.

1° Au dire des théologiens catholiques, le concile de Trente confirme seulement ou renouvelle les décisions de Latran. Celui-ci imposait donc, à tout fidèle, parvenu à l'âge de raison, l'obligation rigoureuse de se confesser au moins une fois l'an : ainsi devait s'entendre le prétendu Précepte divin. Pour y soumettre les populations, il fallut user de violences extrêmes, du bras séculier, d'outrages, de sépultures ignominieuses, d'excommunications, déclarer hérétiques les récalcitrants, arracher aux rebelles tout autre moyen de ce qu'on appelait salut éternel, jeter leur désobéissance dans un affreux désespoir. Plusieurs conciles, tel que celui de Paris, en 1429 défendirent aux médecins de continuer leurs soins aux malades qui refusaient de se soumettre à l'odieux espionnage. Une bulle de Grégoire XIII défendit aux malades de se servir de médecins juifs ou infidèles, ceux-ci méprisant la prescription des conciles.

On prescrivit strictement de se confesser au propre prêtre; sans cette précaution, le SACREMENT INQUISITORIAL eût manqué son but; le pasteur devait connaître parfaitement ses brebis. Ce dernier anneau, rivé à la chaîne des peuples, les attachait au confessionnal paroissial comme la tyrannie féodale attachait le serf à la glèbe du Seigneur.

L'excès usa ces exigences, força aux concessions. Mais, à qui voulait un autre confesseur que son propre curé, il fallait l'autorisation de celui-ci ou du *surveillant diocésain!* Autorisation humblement demandée, tantôt refusée, concédée, et toujours, sûrement, éveillant leurs soupçons...

Enfin l'*inquisition sacramentelle*, épuisant ses finesses, le pénitent dut déclarer « distinctement tous ses péchés, » c'est-à-dire, — commentaire des théologiens — non seulement tous ses péchés mortels, mais aussi les circonstances qui en changent l'espèce, ou les aggravent notablement; et cela, sous peine de nullité, de sacrilège, de damnation. Il ne suffisait plus de recevoir des aveu vagues imités des Bouddhistes chinois et thibétains : « J'ai gravement péché. » On oubliait que le pape Urbain II (1091), ayant rassemblé dans une vaste plaine une multitude d'hommes pour les engager à la croisade, et après qu'ils se furent confessés, soit à Dieu, soit à leurs voisins, « leur donna l'absolution, puis sa bénédiction. » On oubliait que Guillaume, évêque du Mans, ayant réuni dans l'église de Mayenne (1158) une foule d'hommes, il faisait au front de chacun le signe de croix en disant : » Tous les péchés te sont remis si tu accomplis ce que tu promets. »

Ainsi, les Brahmes promettaient la rémission des plus grands crimes aux dévots accomplissant certaines cérémonies en l'honneur du Iezeus-Christna (Krisna, 86, Jacolliot).

Or, dans ces trois points, cherchez ce que la théologie pourrait présenter de divin : J B.-C. n'y est pour rien! Impossible d'y voir autre chose qu'un précepte des chefs de l'Eglise, un stratagème. Les conciles de Latran, de Trente, poursuivent leur *but inquisitorial*, sautant par dessus les pratiques anciennes et contraires, laissant aux théologiens l'embarras de concilier les contradictions, de les déguiser, de sauver ce dogme aux yeux des simples.

Toujours, à la faveur du surnaturel, du *procédé* commode *de la foi*, la tyrannie du confessionnal se donna libre carrière. Essentiellement ennemie de la liberté humaine, elle la poursuivait opiniâtrement au moyen d'un code de préceptes et devoirs, d'une casuistique minutieuse et de pénitences, elle enlaçait la vie entière dans une espèce de réseau, y retenait captives toutes les consciences soumises comme une seule aux chefs du clergé. Directoires pénitentiels, décision des cas avec catégories, distinctions subtiles, dépravaient la morale naturelle, confondaient les notions du bien et du mal, présentaient, sous forme de vertus, certaines actions mauvaises, et comme criminels des actes innocents, ou indifférents : l'enlèvement à leur famille des enfants Mortara et Cahen, baptisés subrepticement, prouve que papes et évêques persévèrent avec opiniatreté dans ces sortes de vertus catholiques. L'histoire constate également que le clergé devient traitable, renonce à ses tortures, à ses monstruosités, *seulement* quand il voit le peuple chrétien lui échapper!

Je vais citer deux exemples qui suffiront à donner idée du reste aussi bien que des fluctuations de ce Saint-Siège infaillible, auquel le Saint-Esprit refuse obstinément ses révélations sur des points capitaux de pratique journalière, tandis qu'il l'accorderait sur une conception ni plus ni moins immaculée que toutes les autres, ou sur l'infaillibilité papale.

Premier exemple. — PRÊT A INTÉRÊTS. — On ne saurait calculer refus d'absolution, dommages, angoisses dont le rigorisme casuistique a rendu victimes depuis des siècles, les prêteurs à intérêts. Enfin Grégoire XVI, qui n'étant que moine et théologien, avait aussi écrit contre eux, trouvant à son avénement au trône les finances en piteux état, décide un emprunt au taux de 5 0/0, consacrant la légalité de ce taux, fort bien Saint-Père! mais quel bon usage de son infaillibilité le Saint-Siège aurait fait, si dès le commencement, il eût empêché l'erreur; que de maux, de damnations il eût évité!

2e Exemple. — Vous souvient-il, disait une dame à ses amies, de ces questions dont la curiosité et la jalousie des confesseurs nous poursuivaient quand nous étions jeunes femmes! Nos époux, tous Malthusiens, nous firent déserter en masse le confessionnal.

— Oh! je me le rappelle, répondit une autre dame : on comptait pourtant dans le clergé quelques exceptions. Dans le département de l'Eure, où j'ai passé plusieurs années, l'évêque d'Evreux défendait expressément aux prêtres ces sortes de questions. A la vérité, il avait beaucoup d'esprit, et la gent dévote lui attribuait, lui reprochait une expérience de *mari* et de *père*.

— Eh bien! voici l'anecdote dont le clergé prenait prétexte pour exercer contre les libertés naturelles du mariage une tyrannie odieuse et sotte. Les théologiens ont lu dans la Genèse (c. 38. v. 7.9.10.) que Onan, ayant épousé la veuve de son frère, commettait une action détestable, ne voulant pas *lui susciter* un enfant, parce qu'il aurait porté le nom du premier mari. La race hébraïque, nous le savons aujourd'hui, tirait ses coutumes de la haute Asie où un Indou mourait dans le désespoir, s'il ne laissait un héritier de son nom pour offrir sur son tombeau un sacrifice annuel (Jaccoliot, Genèse)..

« On sait que l'ignomonie était attachée à la stérilité, et que la première bénédiction en Judée était la perpétuité des familles (J. de Maistre, du pape, 144) ». Sur quoi donc, d'après le législateur Moïse, retombe la qualification de détestable, la prétendue culpabilité du second fils de Juda? sur son refus d'engendrer un héritier qui portât le nom de son frère, sur la violation d'un antique usage : ce sens simple s'offre tout d'abord à l'esprit. Mais les théologiens reportent le mal sur *autre chose* : Pourquoi? hélas! ils n'ont que des assertions gratuites et grotesques; car Jéhovah n'a jamais révélé ses volontés au grand jour : et, pourtant, avant de torturer les consciences, la probité leur devait bien la certitude!

Les théologiens allèguent la loi naturelle. Mais, 1o refusent-ils l'absolution aux gaspillages énormes, insensés? non, il leur suffit d'une excuse légère, futile. 2° L'homme n'use-t-il pas légitimement des lois naturelles, en maître absolu; ainsi qu'il se sert du feu, de la lumière; qu'il dirige un cours d'eau, le fluide éléctrique; qu'il arrache ses arbres, ou démolit sa maison, suivant son utilité, son plaisir, son caprice, tant qu'il ne blesse les droits de personne ni la saine raison?

3° Nieront-ils que la répugnance à la génération soit, en certaines circonstances, un sentiment naturel et légitime? ne peut-elle pas être fondée sur des motifs excellents? 4° Il y a un ordre dans les lois naturelles; les moindres cèdent aux plus grandes. Celle qui défend le mariage entre frères et sœurs se subordonne à cette autre plus essentielle, plus fondamentale, de continuer le genre humain (Bossuet).

Pareillement la perte d'élaborations, si longues et si merveilleuses qu'elles soient, se subordonne à cette autre loi qui persuade au cœur d'un mari, d'un père de conserver la santé, la vie de son épouse. Bien plus, elle se subordonne même à leurs plaisirs avoués par la raison, nécessités, ou conseillés par leur constitution. Quoi! avilir l'attrait, bannir les libres jouissances de l'union conjugale! ne lui laisser que le poids et les amertumes! qui voudrait d'elle? qui la supporterait?

Et, en preuve de cette subordination, je cite ces unions naturellement stériles, où la perte, si connue, si volontaire et si délibérée qu'elle soit, ne constitue point culpabilité grave aux yeux de la théologie, sous peine de risée universelle. 5° La fécondation est soumise à des lois si cachées, précaires, incertaines, que la procréation ne peut pas être un devoir, ni la paternité une obligation; autrement, on devrait trouver dans les phénomènes qui se passent au dehors de la volonté et de la conscience humaine, un caractère de constance, de ténacité, de nécessité... au contraire, ces phénomènes sont inconstants et, en quelque sorte, accidentels. 6° Par une inconséquence grossière, les chefs de l'Église approuvèrent dans les couvents saignées mensuelles, macérations, abstinences, jeûnes, dans le but d'altérer la vigueur corporelle; ils établirent le célibat ecclésiastique, sachant bien les pertes involontaires, ou délibérées, qui en résultaient infailliblement; les papes autorisèrent dans leurs Etats les femmes publiques, à la condition d'un tribut; et, même, un usage honteux, odieux, criminel, afin de procurer des *voix féminines* aux pompes de la chapelle Sixtine! morale catholique!!

Voyez donc, comme il sied aux théologiens de damner ce pauvre Her et son frère Onan, (« à cause de cela Dieu le punit de mort (Genèse, ib.) ») pour une action que Malthus et le sens commun ont, de notre temps, proclamée morale et souvent un devoir!

« — Malgré tant de motifs de réserve pour nos confesseurs, toutes nous les entendions mépriser nos époux, qualifier criminels ou damnés les meilleurs maris, agissant avec prudence. » Ils déploraient nos alliances avec des non pratiquants, avec des incroyants, et plaignaient notre sort. On nous imposait recours aux supplications, aux larmes, voire même au cilice, refuge dans l'inertie, dans l'impassibilité, enfin séparation de lit.

« — Rien de plus vrai : aussi par suite de ce despotisme jaloux, combien de calamités fondaient sur les familles! ménages troublés, perdus, tombant dans la misère; infidélités, enfants privés de leur mère, veufs réduits au désespoir; je m'abstiens d'un détail long, navrant, que chacun peut lire dans le livre de Michelet : du prêtre et de la famille. »

En dépit du bon sens et de la plus funeste expérience, le confessionnal persévérait dans sa tyrannie jusqu'au moment où les *surveillants diocésains*, le voyant délaissé, obtinrent de Pie IX un signe de tête permettant, ou ordonnant de cesser les questions saugrenues, surtout aux personnes bien élevées ou un peu rebelles.

La tactique changea singulièrement; elle permit tout : « Maîtresse de vos maris, nous répéta le jésuitisme, vous sanctifiez vos complaisances, en obtenant d'eux messe et observation du dimanche, abstinences du carême et du vendredi, baptême et communion de vos enfants, leur éducation par des congrégations religieuses; silence respectueux sur miracles, apparitions, pélerinages.....

« — Et suffrages aux candidats bien pensants, anti-républicains. Puis ajoutez, fuite des libres-penseurs, renoncement absolu aux livres, aux journaux progressistes, aux enterrements civils, à la francmaçonnerie. Aussi, depuis longtemps, ai-je secoué le joug des hypothèses surnaturelles.

« Un chanoine madré répondait avec un sourire à demi-contenu : J'aurais mauvaise grâce à disconvenir des abus; je commettrais une maladresse de zèle inutile. Mais vous méconnaissez cette prérogative importante attachée à notre sacerdoce : la Direction spirituelle « cet art des arts ! » Elle fait partie essentielle de notre ministère; nous ne pourrions abandonner l'une sans renoncer à l'autre. D'ailleurs, directeurs et confesseurs tels que François de Sales, Bossuet, Fénélon, montrent quels services rendraient ceux qui leur ressembleraient.

CHAPITRE V.

Direction spirituelle, « Art des arts ! »

Vous montrez que le renard acculé se défend comme il peut.

Puisque, aujourd'hui, l'instruction livre, à tous, les arcanes de vos laboratoires, examinons, donc, « votre art par excellence », cette bulle de savon que vous faites miroiter aux yeux d'une foule naïve. Suivons les mouvements du reptile si justement nommé : *Police du confessionnal.*

De temps immémorial, les pagodes indoues possèdent nombreux fakirs; les couvents bouddhistes innombrables religieux; et, afin d'obtenir de ces pauvres gens, dévouement absolu, inouï, monstrueux, au système, à la caste — quelle méthode emploient d'habiles directeurs? vous le savez. Pendant des années, ils retracent à ces imaginations orientales transmigrations, transformations des individus, peintures aux vives couleurs des divers enfers ; contrastes saisissants de récompenses, de bonheurs au sein de Brahma; ils entremêlent, soutiennent l'enseignement de pratiques, de prières analogues :

1er degré de perfection. L'esprit nourri, saturé de ces méditations, en arrive, naturellement, à un état d'inertie contemplative; il ne raisonne plus; il considère d'une vue d'ensemble tous ces sujets devenus familiers par une longue habitude de réflexions. — 2e degré de perfection. Si la complexion, le caractère le favorisent, l'esprit s'exalte jusqu'au ravissement, à l'extase. — 3e degré de perfection. Alors on voit ces victimes, graduellement façonnées à souffrir, se livrer volontairement aux plus effroyables tortures. Essayez de les désabuser de leur *foi* insensée, elles s'y cramponnent d'autant plus opiniâtrement qu'elles ont déjà fait plus de sacrifices. Aux premiers siècles de notre ère, les philosophes Jamblique, Plotin, Apollonius ont connu tout cela; Philon nous en expose la tradition conservée dans les communautés de Thérapeutes, d'Esséniens, et le christianisme en recueillit l'héritage dans les prophétesses de la première Eglise, surtout dans son monarchisme.

Eh bien ! ne suivez-vous pas la même méthode, corrigée, perfectionnée pour vous emparer des âmes ! N'usez-vous pas de semblables artifices, afin d'exercer sur elles une absolue domination ? non plus jusqu'à ces horribles mutilations qui ont disparu des mœurs européennes et que repousse notre civilisation;

mais vous obtenez une obéissance entière aveugle, une activité fébrile qui servent mieux les intérêts de votre hiérarchie cléricale?

Oui, toutes vos aspirations tendent «à réglementer, gouvernementer une Eglise de Dieu» et celui qui désire cette surveillance, ambitionne une œuvre louable, une bonne charge (Saint Paul).» Nulle société bien régie, prétendez-vous, si tous les membres n'acceptent de gré, ou ne subissent de force, le joug de votre discipline. Analysez les lettres des François de Sales, Olier, Bossuet, Fénelon; vous les voyez s'user dans un labeur ingrat, contre nature, dans un exercice tel que celui-ci, par exemple: manipuler, repétrir le fond et la forme; tirer parti des sentiments, des dispositions, des accidents heureux, ou contraires; savoir utiliser les diverses circonstances; exiger confiance, humilité, détachement, abnégation, violences; procéder à la sourdine, ou emporter d'assaut; épuiser les ressources de l'esprit le plus délié, le plus souple, tout cela pourquoi? afin de tenir sous la main, de posséder, tourner, retourner à volonte leurs pauvres victimes jusqu'à ce que, sans résistance, elles se laissent faire « comme des cadavres, » — expression d'Ignace de Loyola (Exercices spirituels). Voilà exactement le but où convergent incessamment et sans exception les fonctions du ministère sacerdotal. Si le clergé eût réussi, l'Europe possèderait non des sociétés civilisées, mais des agrégations « de cadavres, » ou, tout au plus, les peuplades de l'Océanie, de l'Afrique, de l'Asie, stationnaires, abâtardies depuis tant de siècles, et dans lesquelles nos efforts n'infiltrent qu'avec peine, par quelques fissures, un peu de vigueur et de progrès.

En tout cela, nulle exagération, chose piquante à remarquer! les théologiens, en perpétuelle contradiction avec eux-mêmes, nient que la Direction spirituelle soit partie essentielle, intégrante du sacrement de pénitence, et, néanmoins, dans la pratique, vous les mêlez habituellement, vous les confondez habilement. Le Directeur prétend au *droit* de *tout savoir*. D'après vos grands maîtres et docteurs, il doit exiger que sa dupe lui dévoile entièrement sa conscience, la mettre à nu: il veut sonder tous les replis du cœur, arriver aux fibres les plus cachées; il doit même user de ruse, afin de découvrir, ce qu'il y a pour ainsi dire, d'inconnu au pénitent lui-même. Il le fatigue de questions, non-seulement sur ses péchés, leur gravité, leur nombre, mais sur les causes et les suites, sur les circonstances de temps, de lieux, de jours, de personnes. Il interroge sur pensées, désirs, penchants répugnances, affections, aptitudes; sur la famille, les rapports journaliers, la position sociale..... peu satisfait s'il ne connaissait le nom, la demeure — point capital que son adresse manque rarement.

Après l'immense détail, capter par caresses et flatteries (quand le sujet en vaut la peine et qu'on y tient) une confiance absolue, devenir confident nécessaire, habituel, des familles, juge suprême des actions, maître du bien et du mal, une espèce de Dieu : voilà le succès du confessionnal, sa grande affaire !

En tout temps, la masse, peu maniable, des hommes lui échappe; il s'en console gaiement, ne souhaitant guère que la direction des femmes. Celles-ci laissent si facilement déborder le trop plein de leur cœur, quand la peine les oppresse, ou que quelque autre sentiment vif les affecte et les préoccupe ! Alors, les unes trouvant daus ces épanchements, alternative de consolations et d'inquiétudes vagues sans rien de positif, de certain, tardent peu à les délaisser, et ce sont les plus judicieuses. Parfois un artifice sans pudeur se joue de leur ignorance, de leur faible nature, les manie, les éloigne, les ramène suivants ses goûts, ou ses fins. D'autres y rencontrent des douceurs momentanées, mais suivies, de difficultés inextricables, d'anxiétés toujours renaissantes : aussi beaucoup de dévotes passent une grande partie de leur vie à de minutieux examens, aux pieuses méditations, aux récitations de prières, aux genoux du directeur, et n'éprouvent pas moins de terribles angoisses.

A quoi bon citer vos saintes Catherine de Sienne, Marie de Pazzi, Thérèse Chantal et mille autres ? Votre distinction théologique entre péchés mortels et véniels calme-t-elle les scrupuleuses? hélas! elle n'allège le fardeau « si léger! le joug si doux du Seigneur! » par aucune; car une saine appréciation doit tenir compte, non seulement de la gravité ou de la légèreté de la matière, mais du degré de lumières, de liberté, de l'intensité de la volonté, de diverses circonstances; appréciation souvent impossible au confesseur le plus habile; et la preuve, ce retour inévitable des mêmes terreurs, des mêmes accusations : voilà pour l'élite. J'omets ces âmes candides, séquestrées du monde sous le verrou des couvents, et dont vous atrophiez l'intelligence qui végètent en perpétuelle enfance, à certains égards; je parle de la femme, non de l'enfant.

Quant à la foule, trop privée d'esprit et d'instruction pour être admise à l'honneur de la Direction, vous la passez prestement au gros tamis, écoutant avec plus ou moins d'attention et d'intérêt ses vagues et grossiers aveux. Sévères sur les infractions à la discipline ecclésiastique; indulgents pour la trangression des lois sociales, vous gardez le silence sur médisances, calomnies qui ne s'adressent qu'à des non-pratiquants, aux hérétiques, aux mécréants. Il vous suffit qu'aux grandes occasions elles fassent nombre dans le troupeau. Du reste, bourreaux capricieux de vos pénitentes, malheur à elles, si vous avez quelques privilégiées, peu d'esprit et d'instruction; si vous êtes fanatiques, atrabilaires, trop jeunes, ou trop vieux; à jeun, ou trop repus ; souffrants ou vigoureux, paresseux, ou surchargés d'occupations, mal élevés, grossiers, ou raffinés et ambitieux!... qu'elles se résignent à essuyer vos inepties, vos duretés, vos rebuts !

Ne vantez donc point votre direction! Elle méconnaît d'ailleurs l'origine du caractère : celui-ci, expression de la constitution physique en pensées, paroles, et actions, dépend d'elle absolument. Veut-on le rendre moral, obtenir de lui les plus heureux résultats? il faut suivre dans son éducation la méthode de *certitude* expérimentale, pétrir l'intelligence avec ce ferment, la nourrir du vrai, du juste, du bien *certain*. De cette sorte, on excite sûrement toutes les énergies de la volonté à contracter l'habitude d'y conformer sa vie entière sans craindre ce reproche : « Tu m'as trompée! » toujours suivi de défection. Vous, au contraire, vous prenez pour base l'assertion gratuite, l'hypothèse contradictoire, pour méthode des susperstitions entachées des mêmes vices. Puis, votre système de secours surnaturels, de grâces toutes puissantes, mettant le miracle dans la constitution, dans le caractère, partout favorise l'apathie, atrophie la volonté. Exemple: si voulant soulever un poids au-dessus de mes forces, j'ai à côté de moi Hercule, je l'implore; il le soulèvera comme une plume; vais-je l'aider ridiculement ?

Au fond de quoi s'agit-il ? d'incliner au bien la volonté; elle ne peut le choisir, dites-vous, sans un secours divin qu'il faut demander, Très-bien : mais pour le solliciter, elle a déjà besoin d'être prévenue, déterminée par la grâce efficace : Ainsi votre direction tourne dans un cercle vicieux, repose sur la contradiction. Et que produit-elle ? pratiques dévotes de marionnettes; hypocrisies. Si parmi vous des vertus brillent, elles sont l'œuvre naturelle des efforts humains, les qualités naturelles d'individus heureusement doués desquels vous avez l'adresse de vous emparer; — essayez d'y voir autre chose ? vous retombez dans les défauts inhérents à l'hypothèse surnaturelle.

Veuillez, esprits impartiaux et judicieux, apprécier l'enseignement de ces directeurs réputés sages, honnêtes, entre tous les membres du clergé, par exemple de Fénelon, dont voici les paroles :

« Vous avez l'esprit trop occupé des choses extérieures et plus encore de *raisonnements*..... je crains toujours beaucoup votre pente excessive à *raisonner*... Soyez tranquille, calme et point *raisonneuse* avec Dieu. Défiez-vous de votre esprit... le mien m'a tant trompé que je ne veux plus compter sur lui... Encore une fois défiez-vous des *savants et des grand raisonneurs*.

...

Ils seront toujours pour vous un piège, et vous feront plus mal que vous ne sauriez leur faire de bien (l. 148)... vous suivez trop votre esprit *d'anatomie et d'exactitude* (1. 149)... craignez de *trop approfondir, raisonnez peu.* Le *raisonnement* produit l'irrésolution (l. 5.).

Dans ces paroles de Fénelon, vous entendez tous les autres sans exception. Calculez les conséquences d'un tel enseignement! Comprenez aussi la valeur d'un système qui ne peut subsister qu'à de pareilles conditions!

— Nous autres professeurs des sciences, arts et métiers, dit un de mes amis, loin de défendre à nos disciples de raisonner, d'approfondir, d'analyser, nous excitons leur esprit, nous provoquons l'examen, leurs questions, leurs recherches, leurs observations, l'expérimentation.

Oh! puisque leur système religieux, leur direction spirituelle redoutent la discussion, les lumières de la science, cela suffit déjà pour qu'on y flaire la fantasmagorie, l'imposture. Au contraire, le vrai, le juste *certain* invitent l'œil scrutateur des savants à éprouver leur fière solidité, appellent et défient les critiques.

Travaillons à former des hommes, des citoyens, des caractères élevés, des cœurs dévoués à la vérité, à la justice, tandis que le clergé ne s'inspire que d'un système de *croyances* surannées et de sa caste.

— Je continue de citer, en preuve, l'étrange langage de la haute et sublime direction. « Le doute est un supplice, mais *ne raisonnez point, et vous ne douterez plus*... Le doute est le trouble d'une âme livrée à elle-même qui voudrait voir ce que *Dieu veut* lui cacher, et qui cherche des *sûretés impossibles*... Les *miracles* mêmes et les *révélations* s'useraient bientôt, et vous retomberiez dans vos doutes... Vous voulez des *sûretés*, et Dieu est jaloux de n'en *souffrir aucune* (ibid., 1. 129). »

« Ce goût des *sûretés* géométriques est enraciné en vous par toutes les inclinations de votre esprit, par toutes les longues et agréables études de votre vie, par une habitude changée en nature, par les *raisons plausibles de craindre*, de veiller, de se précautionner contre l'illusion. Mais *la vigilance évangélique* ne *doit point aller jusqu'à vouloir l'évidence* dans les questions obscures de la grâce où Dieu veut se tenir caché comme sous un voile. A combien plus forte raison faut-il renoncer à *l'évidence* et à la *certitude* quand il s'agit des opérations les plus délicates de la grâce, dans la profonde *nuit de la foi* et dans l'ordre surnaturel... (l.151)... Malheur aux riches d'esprit, à ces savants qui entassent tant de connaissances... aux esprits qui veulent tout pénétrer... Telle est la vie secrète d'un esprit curieux tourné au raisonnement, qui se possède par *méthode philosophique*, et qui veut posséder de même tout ce qui l'environne (l. 159)... si vous pouviez vous sevrer de toute curiosité, de tous raisonnements superflus... (l. 152)... J'ait fait attention à votre *difficulté pour discerner* les mouvements de la grâce, d'avec ceux de la nature déguisée. Nous ne *saurions* avoir *de règle précise et certaine* là-dessus *au dedans de nous-mêmes*... Nous ne *savons jamais si nous suivons la grâce* ou si nous *sommes dominés par le péché*... L'on doit être accoutumé à l'incertitude, même sur les plus dangeureuses illusions de l'amour-propre... Il semble que rien n'est si capital dans la pratique contre les illusions que de faire ce discernement et d'avoir une règle sûre pour le faire... Si nous avions au dedans une règle pour discerner avec *certitude* le principe surnaturel d'avec celui de la nature, nous aurions une *certitude* de notre sainteté, et une infaillibité pour nous conduire nous-mêmes par inspiration. C'est ce qui est précisément contraire *à l'obscurité de la vie de foi*, à l'incertitude du pélerinage, et à la *dépendance où nous devons être à l'égard de nos supérieurs* (l. 5). »

Ceux qui savent comprendre chaque phrase d'un pareil enseignement voient qu'il lui manque encore un vice : celui de la contradiction, le voici donc : « Est-ce que nous sommes inspirés ? Oui, sans doute ; mais, non comme les prophètes et les apôtres. Sans l'inspiration actuelle de l'esprit de grâce, nous ne pourrions ni faire, ni vouloir, ni *croire aucun bien*. Nous sommes donc toujours inspirés, mais nous étouffons sans cesse cette inspiration. (Parole intérieure, c. 22). »

Vraiment si l'on n'apercevait point le charlatanisme, la franche duperie, on jouirait de cette simplicité évangélique, tant recommandée par nos illustres personnages. Car par quel moyen certain discerner du phénomène naturel de notre pensée intime, de notre imagination, leur prétendue surnaturelle inspiration? Fénelon n'en connaît *aucun*, il vient de l'avouer; prophètes et apôtres en avaient-ils plus que nous? Lesquels, s'il vous plaît?

Je viens d'exposer quelques-unes des détestables impostures à l'aide desquelles on prétend diriger nos sociétés! à ces vices inhérents à la direction religieuse, ajoutez ceux qui sont particuliers aux Directeurs, et veuillez peser ces tristes aveux de Fénelon sur « la direction si décriée. » Le monde la regarde comme un *art* de mener les esprits faibles et d'en tirer parti. Le directeur passe pour un homme qui se sert de la religion pour s'insinuer, pour gouverner, pour contenter son ambition; et souvent on soupçonne dans la direction, si elle regarde le sexe, beaucoup d'amusement et de misère. Tant de gens, sans être choisis ni éprouvés, se mêlent de conduire les âmes, qu'il ne faut pas s'étonner qu'il en arrive assez souvent des choses irrégulières et peu édifiantes... Le malheur est que les personnes lâches et molles, telles que sont souvent les femmes, trouvent trop froid et trop sec ce qui est sérieux et éloigné de l'amusement... elles se rebutent des directeurs qui leur seraient les plus utiles, et elles en cherchent qui veuillent bien perdre du temps avec elles... Il doit être choisi entre mille, et même entre dix mille. Il faut le chercher sage, éclairé, mortifié, expérimenté, détaché de tout, incapable de nous flatter... en un mot, le vrai homme de Dieu... J'avoue que la plupart des gens ne sont guère capables de faire ce discernement... quels dangers d'illusion et d'égarement !... que le nombre en est petit ! où sont-ils ? et qui osera espérer de les trouver. » Enfin, Fénelon se plaint à Dieu de ce qu'il les donne avec parcimonie (l. sur la Direction).

En effet, lui-même, Directeur de Mme Guyon, ne s'égarait-il pas avec elle ?

La plupart des Directeurs spirituels font consister le fin de « l'art des arts » à séquestrer, soit dans la solitude, soit dans les couvents, des personnes jeunes, candides, enthousiastes, nerveuses, hystériques ; à exalter leur imagination jusqu'aux extases, aux visions ; à leur persuader qu'elles communiquent avec des êtres surnaturels, qu'elles en reçoivent des inspirations, des révélations, le don des miracles : chimères propres à nourrir un sot orgueil, et c'est le moindre mal ; le spiritisme indou nous les a transmises avec son langage religieux. Elles ont cours de notre temps comme autrefois. En 1876, l'archevêque de Bordeaux, par mandement exprès, prémunissait la gent crédule et dévote contre une erreur de ce genre; ses collègues, moins sages, laissent leur religion fondée sur le calvaire par le supplice d'un infortuné, s'étendre dans l'universelle moquerie dont sont l'objet leurs petits garçons et leurs petites filles visionnnaires. L'évêque ultramontain de Tournay (Belgique), n'a-t-il pas sa miraculée?

Combien ces artistes en direction spirituelle auraient agi plus sagement s'ils eussent préféré la science à l'exploitation ignorante ou coupable de la névrose, du somnambulisme et de la catalepsie! Sans doute, un tel rôle leur paraissait trop simple. Trop simple en effet pour des amateurs de *Police confessionnelle* et *sacramentelle*. Si l'on ne cherchait que des consciences gangrenées à guérir, des Madeleines à retirer du vice, des cœurs chancelants à soutenir par d'exemplaires vertus, le nombre des *artistes* en *spiritualité* diminuerait vite, car : « Il ne faut point faire un si grand mystère de la direction, dit Fénelon, c'est un conseil qu'on prend pour tendre à la perfection (ibid). »

Enfin notre archevêque de Cambrai, fin, prudent, expérimenté, inflige sa dernière flétrissure, sa suprême condamnation à la Direction mystique. D'ailleurs *l'oraison*, qui est le *canal des grâces* et le *commerce d'union avec Dieu*, est exposée à toutes sortes de chimères et d'illusions, si vous n'y êtes conduits par une personne qui connaisse par expérience les voies de Dieu. Le remède qui doit guérir toutes vos misères se changera en poison mortel (ibid). »

Qu'un commerce d'oraison avec Dieu offre de tels dangers, nous laissons aux théologiens le soin de concilier et de justifier ces jolies monstruosités. Mais évidemment, seuls des insensés ou des méchants peuvent conseiller un pareil *commerce* ! Depuis les fondateurs du christianisme et leurs co-inspirés, jusqu'aux extatiques du XVIIe siècle, jansénistes, protestantes, catholiques, jusqu'aux visionnaires, ou prophétesses de nos jours, l'histoire et l'expérience constatent, surabondamment, périls, erreurs et hontes de l'Illuminisme.

Jamais, dit-on, confesseur honnête et sage ne cessa de rappeler l'esprit des pénitents aux méditations de la mort, du jugement, de l'enfer, surtout de la passion de J.-C., si propre à porter efficacement au culte de tous les vertus.

A la vérité, on commenca toujours ainsi : mais, pour me servir du dévot langage, les joies du Thabor doivent s'entremêler avec les douleurs du Calvaire : le cœur humain est ainsi fait. Méconnaissez ses besoins; ne sachant point tempérer les amertumes par les douceurs, vous produirez le dégoût, un rebut inévitable. Négligez d'équilibrer le mouvement entre toutes les facultés cérébrales, occupez les unes exclusivement, qu'elles travaillent à l'excès, vous conduisez droit à la folie; nous voyons ce déplorable effet dans un grand nombre de personnages réputés saints, mais inaptes à la vie normale de la société civile.

Que le christianisme revendique, si bon lui semble, l'invention de l'amour séraphique et mystique, dont les senteurs d'*assa-fétida* ont empesté les couvents ! Vierges folles et moines en délire célébrèrent fréquemment les fêtes avec une lubricité que l'on comprend seulement en lisant les procès du jésuite Girard, des religieuses de Loudun, de Louviers, de Poitiers, le rapport de l'évêque de Pitoie (Causes célèbres; Lasteyrie, conf.) Vischnou, archange Gabriel, Jupiter et Dieu Anubis, déguisés en soutane, ne manquèrent jamais de candides ! Devanagny, Pauline, Cardières; et tant que les « fils de Dieu trouvèrent belles les filles des hommes (Genèse), » tous redirent en chœur dans le bréviaire et à la messe, *le cantique des cantiques* (épithalame, ou chanson de noces de Salomon), imitation des antiques poésies de l'Inde. Eh bien ! à ces dévotions érotiques, le clergé aurait dû préférer la franche et enivrante orgie des pagodes indoues.

Qu'on se représente Fénelon en tête-à-tête avec Mme Guyon, Mme de Maintenon et bien d'autres, leur inpirant l'amour divin, leur communiquant ses ardeurs, son enthousiasme du plus parfait amour, leur peignant avec les pinceaux de l'auteur de Télémaque le mariage spirituel de l'âme avec le Céleste Epoux.... Mettez à sa place, les brûlants Jérôme, Augustin, Bernard, François d'Assise, un François de Sales, un Vincent de Paul, enfin qui vous voudrez : « Pour mon compte, m'avouait un vieil ami, j'en conviens avec la franchise de saint Jérôme : quand certaines pénitentes m'entretenaient de leurs vifs sentiments d'amour pour un idéal divin, j'ai vingt fois quitté le confessionnal, sentant bien l'illusion de leur cœur, qui, sans s'en douter peut-être, avait pour objet une réalité sensible, et frémissant d'attiser une flamme qui nous aurait embrasés. »

Une vénérable mère de famille en pouponnant l'enfant de son fils, me disait: « Et moi aussi, je connus cette illusion-là lorsque, jeune fille de vingt ans, j'eus une velléité d'entrer au couvent. Je m'y sentais attirée par l'idéal de ce crucifié qu'on offre à notre adoration, et par la belle figure de l'aumônier; leurs deux images se confondaient dans ma pensée. J'aurais désiré être Madeleine, j'aurais voulu écouter jour et nuit l'attrayant confesseur me prêchant la nécessité d'aimer le charmant crucifié. La plupart de mes dévotes compagnes commencèrent par une séduction semblable ».

— Qu'on se représente Bossuet, qui affectait tant de réserve, en tête à tête avec Mademoiselle de la Vallière, avec madame de Montespan, avec la sœur Cornuau et cent autres; leur répétant son allégorie (élévation) de l'âme, ou de la femme infidèle au céleste époux: l'allégorie des adultères Oolla, Ooliba empruntées au prophète Fzéchiel (C. 23.): quelles mystiques leçons d'impudicité.

Et cet ancien Ev. du M..., B... que, en l'abordant, chacun prenait pour une espèce de Caton maussade, mal élevé (une caricature du vrai Caton), n'avouait-il pas dans son supplément immoral au traité du mariage, qu'étant jeune prêtre, il adressait aux pénitentes, des questions dont il rougissait étant devenu vieux.

CHAPITRE VI.

Futiles prétextes des accusations détaillées.

Dans ma jeunesse, me dit mon ami X..., j'entendis un professeur de théologie très madré diré: « Entre gens de notre caste d'intelligence, d'érudition, nous pouvons convenir de la justesse de ces jugements et de ces critiques, publiquement nous ne le ferons jamais. — Nous tiendrons à la confession *quand même*, continua un curé, qui se faisait l'écho d'une dizaine d'autres; on nous l'arrachera qu'avec la vie... du catholicisme, qu'avec nos traitements. » « D'ailleurs, d'après les anciens théologiens, j'ai le droit, et le devoir, étant juge de mes pénitents, et ceux-ci ne devant pas juger dans leur propre cause, non seulement de connaître, au moins, leurs péchés, mais encore de m'assurer des dispositions nécessaires, du repentir sincère, tant à cause de leur salut que pour le validité et l'honneur du sacrement. Je dois imposer réparations, pénitences règlementaires, indiquer les remèdes salutaires. » Et comment remplir un ministère, si étendu, si épineux, sans longs entretiens, sans détails circonstanciés, minutieux même? Puis, pourquoi ne pas l'avouer? Il ne suffit pas à notre activité de la messe et du bréviaire, Je prétends au *droit* de savoir tout ce qui se passe dans ma paroisse, ainsi que l'évêque prétend à celui de connaître tout ce passe dans son diocèse. Faire parler beaucoup charme mes loisirs et il m'en reste toujours quelque profit. J'aime que dans chaque famille l'on sente ma présence, mon bras. J'aime à donner des avis, des leçons, à réprimander, à surveiller l'accomplissement de nos commandements, à influencer les élections. Irais-je à l'évêché sans avoir rien à rapporter? On aurai de mes capacités, piètre opinion! Et si j'ai de l'ambition...? »

— Cependant, la plus vulgaire probité exigeait du clergé d'appuyer de telles prétentions sur la *certitude* : suffirait-il de *probabilités* pour soumettre à sa tyrannie les crédules pénitents? Or, son système, loin de reposer sur la *certitude* est simplement objet *de foi*, c'est-à-dire, *de croyance, de confiance, de persuasion, une hypothèse farcie de contradictions*; il y a déjà, là, de quoi rabattre son orgueil de caste.

Ensuite, compulsons les casuistes: ici, nombreux désaccords entre les anciens et les contemporains, ailleurs, disputes perpétuelles entre souteneurs de parti sûr et parti plus sûr, de parti probable et de parti plus probable. On ne compte aucun point à leur controverse, et cent mille cas restent flottants, indécis. Quand les théologiens parlent *de certitude morale* — deux mots mal associés mais commodes et propres à l'illusion — que signifie-t-elle? simplement *probabilité* plus ou moins forte: or, fondés sur ce sable mouvant, arrogez-vous donc le droit de mettre les consciences au supplice; et, après cela, posez-vous en hommes de probité, marchez le front haut!

CHAPITRE VII.

Aveux des théologiens.

Feuilletons la théologie du cardinal Gousset, archevêque de Reims:

« L'intégrité matérielle (de la confession) n'est point nécessaire... Le concile de Trente ne reconnaît que l'obligation de confesser les péchés dont on a la conscience, que ceux dont on se souvient (t. 2, Nos 415-420). »

« Quant au nombre et aux circonstances notablement aggravantes, un curé, un confesseur, un catéchiste discret se gardera bien de décider une question que le concile de Trente n'a pas décidée... Comme il n'est pas certain qu'on soit obligé de faire connaître en confession des circonstances notablement aggravantes... il vaut beaucoup mieux sans contredit, rester en deçà que d'aller trop loin dans les interrogations concernant le sixième précepte, et les obligations d'un époux; un confesseur.... est obligé plus strictement encore de ne pas scandaliser les pénitents et d'éviter tout ce qui pourrait affaiblir en eux l'idée qu'ils doivent avoir de la sainteté et de la modestie sacerdotale (Nos 422-424).

Notre auteur s'appuie sur le Rituel de Toulon : « Ce serait un terrible embarras pour les confesseurs, une gêne d'esprit insupportable pour les pénitents, et une cruelle torture pour les âmes scrupuleuses... D'ailleurs, les suites seraient dangereuses pour le pénitent et pour le confesseur. Selon le catéchisme du concile de Trente et le pape Léon XII, s'il se présente des pénitents non préparés par l'examen, ou peu capables de le faire, le confesseur aide leur mémoire par des questions, et s'ils manifestent le repentir suffisant, il *doit* les absoudre, dans la crainte de les rebuter, et de ne pas les revoir (N° 428)... Pour ceux qui ignorent la langue du pays, il suffit que, par un interprète, ils accusent un péché véniel (N° 431)... On est également dispensé de *l'intégrité, à raison de la crainte fondée d'un dommage* grave, spirituel ou temporel qui résulterait de la confession *d'une ou de plusieurs fautes, soit pour* le confesseur, *soit pour le pénitent*, soit pour un *tiers* (N° 431) »... Enfin, vous absolvez le moribond qui ne peut qu'exprimer son désir, et même celui qui n'en exprime pas.

Or, 1° Les péchés « non déclarés au confesseur, soit par suite d'un oubli involontaire, soit à raison de l'impuissance physique, ou morale, où se trouve le pénitent, soit pour toute autre cause légitime, sont remis indirectement par l'absolution (ibid). » 2° Les motifs d'exemption cessant, le pénitent est tenu d'accuser les péchés omis « parce que le *précepte de la confession* pour ce qui regarde les péchés omis *n'a pas été rempli* (ibid). « 3° « La contrition parfaite justifie l'homme par elle-même et avant la réception du sacrement. Toutefois, elle n'obtient pas cet effet *sans le vœu* du sacrement qui est renfermé en elle... La contrition ne peut être sincère et parfaite sans renfermer la volonté de se soumettre au moyen que Dieu a établi pour la justification du pécheur (N° 396). »

La conclusion de tout cela saute aux yeux : donc, sacrement et confesseur sont tout bonnement moyen et agent de police ecclésiastiques! Pauvres oisons, échappez donc à ces renards!

« Quant à moi, le rouge me monta au front dès que je m'aperçus du rôle qu'on me faisait jouer, et je m'empressai d'abjurer le métier, me dit un ancien curé devenu libre-penseur. »

Nouvelle preuve, (car le *système policier* se trahit de toutes parts). 2° L'énumération de fautes, des espèces, est-elle nécessaire à l'appréciation des dispositions? Encore un leurre destiné aux simples. J'en appelle à l'expérience, les détails révoltent la dignité humaine, poussent à la dissimulation, au mensonge, faussent, dépravent la conscience, peut-être sans retour, souvent rebutent et détournent de la conversion des mœurs.

Mais *la haute et sainte police* n'avait-elle pas besoin d'un prétexte? Et, cependant, voyez comme la Pénélope théologique ne peut s'empêcher de le détruire! « Nous ne pouvons guère juger des dispositions *actuelles* du pénitent que par ce qu'il nous dit lui-même de son intérieur. C'est pourquoi, comme le dit Suarez, s'il n'offre pas d'abord des signes suffisants de douleur, le confesseur doit lui demander s'il déteste sincèrement ses péchés, et s'il répond affirmativement, on doit s'en rapporter à ses paroles... De là, cette maxime de saint Thomas et de saint Antonin: « Au tribunal sacré, il faut s'en rapporter au témoignage du pénitent pour ou contre lui (N° 535). » Mais si vous prétendez qu'on ne doit avoir aucun égard aux paroles du pénitent, parce qu'il peut se faire illusion sur ses dispositions intérieures, comment vous comporterez-vous à l'égard de tant de pénitents dont la conduite extérieure n'offre rien, ni pour ni contre l'absolution? Et si... vous admettez qu'on ne peut absoudre un pénitent qu'autant qu'il éprouve quelque sentiment ou un commencement d'amour parfait, veuillez nous dire le moyen de vous assurer de ce sentiment? Sera-ce par la prière, l'aumône, le jeûne, les mortifications, les larmes du pénitent? Mais la crainte de l'enfer nous fait faire ces choses plus efficacement que l'amour de Dieu. Il faut donc, de toute nécessité, que vous vous en rapportiez à ce que vous disent vos pénitents sur les motifs qui les font agir, à moins que, pour prévenir tout sacrilège, vous preniez le parti de ne faire aucun usage du pouvoir d'absoudre (N° 536). »

Conclusion évidente: cette accusation: « J'ai commis péchés nombreux, mortels, j'éprouve un vif regret d'avoir offensé Dieu et, résolu à me corriger, je sollicite son pardon et celui de l'Eglise, » suffirait assurément comme au premier siècle; mais *la police haute et subalterne* n'y trouverait pas son compte.

3° Afin de l'obtenir facilement, afin de se procurer nombreuse clientèle, la Théologie déploya la plus grande complaisance, usant d'un moyen fort adroit: « Nous pensons donc, dit-elle, que l'attrition conçue par la crainte de la justice divine, jointe à l'espérance du pardon, suffit *avec le sacrement* pour réconcilier les pénitents avec Dieu.

On convient que le confesseur doit faire tous ses efforts pour exciter dans le cœur du pénitent l'amour le plus parfait, le plus vif, le plus ardent. Mais comme il est difficile et souvent impossible de discerner entre les différents *motifs surnaturels* qui font agir le pénitent, il suffit pour l'absoudre qu'il donne des preuves *d'attrition* (N° 398). Et notre auteur cite le cardinal de la Luzerne et saint Lignon : Il ajoute : Si, comme le prétendent plusieurs théologiens, le confesseur ne pouvait absoudre un pécheur qu'autant qu'il remarque en lui, la charité parfaite à un certain degré, ou un commencement d'amour parfait, il ne pourrait presque jamais l'absoudre. En effet, à la demande pourquoi il se convertit, le plus souvent, il répondra que c'est la crainte de Dieu, ses jugements, la crainte de l'enfer qui le fait renoncer au péché (ibid). Il doit seulement travailler à lui inspirer les sentiments les plus parfaits, les plus propres à assurer l'effet du sacrement : puis, lui donner l'absolution, *si d'après une probabilité prudente*, il lui *croit* les dispositions convenables, *quoiqu'il ne puisse* s'assurer, *ni juger prudemment* si ce pénitent éprouve un commencement d'amour parfait, de cet amour qui tient de la charité proprement dite : ainsi lorsque le confesseur a fait ce que le zèle et la charité demandent de lui.., il peut, il doit même se comporter dans la pratique, comme *si l'attrition*, telle qu'elle est définie par le concile de Trente, était une disposition *prudente et suffisante* (N° 399). »

« Il suffit que l'attrition existe au *moment* où l'on reçoit l'absolution.., le rituel romain le suppose clairement (N° 400) et si les dispositions paraissent *douteuses* au confesseur, il doit absoudre quand il craint que le pénitent rebuté ne revienne plus (N° 510). »

A l'égard de l'habitudinaire, ne pas attendre pour absoudre que l'habitude soit détruite. « Ainsi plus la *foi* s'est affaiblie parmi nous, plus il faut user de condescendance à l'égard des pécheurs qui reviennent à Dieu. C'est pourquoi nous pensons, d'après saint Alphonse, qu'on doit rarement différer l'absolution aux habitudinaires, aux récidifs qui apportent les dispositions absolument nécessaires pour recevoir les sacrements (N° 510). »

Il faut agir ainsi, surtout envers ceux qui ont passé plusieurs années sans s'approcher du tribunal de la pénitence (ibid.) (Quelle tactique !)

Cette casuistique, écho fidèle de celle que Pascal persifflait avec tant de verve et de justesse, peuple sans doute le paradis catholique de nombreux élus et surtout fit toujours prospérer les affaires du clergé; mais à coup sûr, elle ne rend la société ni plus vertueuse, ni plus morale.

Combien, qui, comme Louis XI, craignant la mort et l'enfer, savent surmonter cette frayeur quand il s'agit de commettre un crime.

« Louis XI et la Brinvilliers se confessaient dès qu'ils avaient commis un grand crime et ils se confessaient, souvent comme les gourmands prennent médecine, pour se donner de l'appétit. (Voltaire). » Ce bon prince demandait en pleurant pardon à la petite Notre-Dame de plomb qu'il portait à sa toque, et après s'être confessé dormait tranquille. Le pape Alexandre VI et tant d'autres *surveillants* ses pareils, se dispensaient sans doute, de confession, d'absolution, car ces messieurs faisaient les lois, non pour eux-mêmes, mais pour leurs humbles sujets?

En Espagne, en Italie, les bandits très nombreux sous les anciens gouvernements, se confessaient après un vol, un meurtre, et à la première belle occasion, recommençaient. Les assassins au service de Sforce et autres princes se préparaient à tuer par le sacrement de pénitence. Jaurigny n'osait assassiner le prince d'Orange, Guillaume Ier, qu'après s'être accusé aux pieds d'un dominicain et avoir communié. L'ignoble débauché Henri III se confessait souvent, Charles IX, Louis XIV consultaient le confesseur, c'est-à-dire Dieu, afin de sanctifier le massacre des protestants. Ainsi les Napoléon, les Metternich, par l'absolution au moment de la mort épongeaient leur âme écarlate. Si le duc d'Albe, Marat, Carrier eussent *cru* à l'efficacité d'une absolution sacerdotale, ils jouiraient du ciel à côté de Charlemagne, de Clovis, de Théodose, de Constantin, de Moïse, cet ami de Dieu?

Plus fins, ces Jean Châtel, Jacques Clément, Ravaillac qui, en aiguisant leur poignard au confessionnal, conquirent le paradis de « vive force. »

Au temps de la Fronde, le cardinal Mazarin, ce mari secret d'Anne d'Autriche, « lâchant les prêtres dans les confessionnaux, faisait absoudre tous ses partisans, damner tous ses ennemis. » Au siège de Barcelone, les prêtres absolvaient les adversaires de Philippe V, mais livraient ses partisans aux griffes du diable.

Vous le voyez, le sacrement de pénitence revêt toutes les formes de *police* utiles à la politique sacerdotale et aux princes qu'elle veut servir.

4° En voici un nouvel exemple. Toujours dans le but de justifier et d'obtenir des aveux DÉTAILLÉS, on allègue bien haut la nécessité d'imposer réparation des injustices. Vous allez croire qu'il s'agit de ces droits, de ces *devoirs naturels, certains, indiscutables, fondamentaux, essentiels* à l'ordre, au bonheur des sociétés : oh ! nullement !

D'abord, les violateurs du droit d'autrui — en ne les supposant ni imbéciles, ni sauvages, — n'ont pas besoin que le prêtre les instruise du devoir de réparer le mal, selon la mesure du possible leur conscience les en avertit. Ensuite, si nous observons le casuistique du confessionnal, nous voyons bien cette réparation établie en principe, mais pratiquement nulle ; ne se rencontre-t-il pas ordinairement quelque prétexte plausible en apparence d'en dispenser le pénitent, de le laisser dans une prétendue bonne foi, dont le confesseur se trouve complice, mais fort heureux quand il traite avec des récalcitrants, avec des indifférents faciles à rebuter, ou avec d'autres qu'il tient à conserver dans le giron de l'Église!

N'est-il pas avec le ciel des accommodements, selon les circonstances, les personnes, les lieux, les temps?

Un trait entre mille : tels ducs ou marquis donnent à Pie IX des canons, de l'or destinés à sauver sa petite souveraineté temporelle, et, en compensation, reçoivent des absolutions qui les dispensent de rembourser les obligations d'une multitude d'actionnaires, qu'ils ont ruinés par incurie et défaut de surveillance, le pape ne s'arroge-t-il pas tout pouvoir, ne se prétend-il pas maître de tout, de transmetre à l'un les biens de l'autre?

De cette façon, tout voleur absous par le prêtre n'est plus voleur et entre légitimement dans le paradis catholique.

Quant à la liberté, ce premier droit de la nature supérieur aux autres, et qui les renferme tous; quant au devoir impérieux de le respecter ? On a l'habitude de s'étendre parfaitement avec les oppresseurs contre les peuples, contre les individus non bêlant comme le troupeau : avec les maîtres de toute espèce contre les esclaves de toute sorte, pourvu que la sainte hiérarchie jouisse en paix de ses prérogatives.

Mais remarquez certain genre d'infractions rigoureusement, infatigablement poursuivies par le sacré tribunal. On a pris soin d'enfermer la vie entière du catholique, depuis le berceau jusqu'à la tombe, dans un réseau de prescriptions : or, on tient les yeux incessamment ouverts sur les transgressions de ces règles; on ne transige jamais qu'à regret, et contraint par la nécessité. Que dis-je ! Chose monstrueuse et cependant constatée par l'histoire à chacune de ces pages, le clergé se montre tellement tenace dans ses us et coutumes, qu'il faut constamment que l'indignation et la violence lui en arrachent le sacrifice, fussent-ils les plus iniques, les plus ridicules, les plus honteux ! Voilà donc un autre de ces points de vue saisissants sous lesquels nous devons considérer le sacrement de pénitence comme un moyen de *police*, dont il essaie de tirer tout l'avantage possible. Ici encore, le sphinx laisse échapper son secret. Qui ne comprendrait pas ces mystérieux intérêts et leur jonglerie, en voyant, en songeant avec quelle complaisance le jésuitisme passe son éponge sur les plus grands crimes heureux et couronnés, à la condition du dévouement aux lois ecclésiastiques?

5° La trame mystérieuse de la *noire police* laisse apercevoir un fil blanc dans ces satisfactions que l'on prétexte pour obliger aux aveux *détaillés*; car l'intensité du repentir et de la charité *satisfait* à la justice de Dieu suivant la théologie. Il ne peut donc s'agir que de la pénitence imposée par des règlements ecclésiastiques qu'on ne comprend qu'avec la confession publique.

La discipline des premiers siècles chrétiens prescrivait des expiations qui duraient des mois, des années, où même la vie entière, de vrais supplices, et aussi de moralité distinguée, par exemple :

Le rituel romain ordonnait de traîner sur une claie pendant quarante jours, la femme prostituée, nue jusqu'à la ceinture (Baluze), châtiment qu'on croira difficilement institué par le Saint-Esprit et qui dénote plutôt une origine orientale, brahmanique. Mais, aujourd'hui, que le pécheur s'accuse en tête-à-tête, voyez-vous l'infortuné confesseur se creusant le cerveau, épuisant son imagination à enfanter ... quoi? « récitez un chapelet, ou tel psaume, ou tel litanie, ou lisez tel chapitre de l'imitation, ou faites le chemin de la croix. » Comprenez-vous comme un résultat de si haute importance, nécessitait impérieusement examen de conscience long, approfondi, pénible, circonstancié, et une accusation exacte, à laquelle la *curiosité policière n'a nulle part, pour le sûr!*

Cependant, puisque les indulgences plénières suppléent à l'insuffisance des satisfactions, papes et prêtres, en ne les accordant pas, retiennent donc malicieusement en purgatoire, les âmes élues, au lieu de les envoyer de suite en paradis?

6° Je me garde d'omettre une raison exquise des aveux *détaillés* et qui nous présente la *police sacramentelle* sous un aspect différent des précédents et non moins délicats. Dans les beaux temps de l'Église, en ces siècles de *foi*, de ferveur, le clergé vendait les exemptions des trop rudes expiations; il vendait à *deniers comptants :* taux *variables*, suivant les pays, les personnes.

Quelques exemples : rémission à un riche pour biens volés, cinquante gros; rémission pour prêt à usure, sept gros; absolution d'excès et délits à un laïque, deux gros; inceste avec mère, ou avec sœur, cinq gros; pour union sexuelle dans une église, six gros; même prix pour défloration d'une vierge; le meurtre d'un père, d'une mère, d'un frère, de quelqu'autre parent, coûtait cinq ou six gros; celui d'un prêtre était d'un prix bien plus élevé; de même que les transgressions ecclésiastiques se tarifaient à plus haut prix que celles qui violaient les lois naturelles : imitation du Brahmanisme.

Ce spécimen suffit à donner l'idée du piquant détail contenu dans les anciens rituels. Ainsi, les riches pouvaient se donner gaiement le luxe effréné de nombreux et gros péchés, à la condition de les soumettre aux *chefs de la police* de l'Eglise.

Après ces preuves, oh! qu'il sied bien aux chefs du catholicisme de la vanter la moralité de leur discipline, d'exalter la vertu surnaturelle de la confession et de se prétendre conduits par le Saint-Esprit; mais ils couvrent d'un prudent et officieux silence « cette louable coutume, » — expression d'Inocent III et du concile de Latran.

7o Enfin les théologiens, conservant à tous prix la *police du confessional*, prèconisent l'absolue nécessité d'indiquer les remèdes convenables des maladies spirituelles. Contemplez donc ce médecin des âmes, trônant dans son singulier propiatiatoire, y rendant ses oracles au-dessus des têtes humiliées! il examine, palpe, sonde...

Lorsque vous avez achevé de raconter vos faiblesses, vos anecdoctes plus ou moins scabreuses, principalement vos transgressions de la sainte discipline et vos libertés conjugales,

alors son esprit pénètre dans l'essence divine, s'identifie avec la Trinité ; puis, revenant à vous, exhalant un profond soupir, il ordonne d'un ton grave, sententieux, le salutaire émétique, la surnaturelle panacée : « Gardez-vous d'omettre la prière du matin et du soir, messe et sermon du dimanche, confession annuelle, communion pascale, abstinence du vendredi ou de la semaine sainte ; ne vendez ni ne travaillez le dimanche ; fuyez incrédules, cafés ou livres impies à l'égal des chiens enragés. »

Après les bénies prescriptions, quittant le sacré Tribunal, combien vous vous sentez devenu moral, vertueux, et cela sans combats, sans efforts ! Combien l'on se prend à regretter que le monde ouvrier répugne tant à ouvrir son cœur, à confier ses affaires à la *police paroissiale ou diocésaine* ! Quelle heureuse transformation s'accomplirait sous les effluves de la grâce efficace ! N'opère-t-elle pas journellement de ces changements féeriques dans les *croyants ultramontains* sans qu'ils y songent ? Tel ivrogne reçoit pour pénitence de boire avec *foi* un verre d'eau, soit de Lourdes, soit de la Salette ; cela fait, il s'endort un saint et se réveille habitudinaire et mauvais sujet comme auparavant.

— « Pour moi, me disait Z..., je sais par expérience ce qu'exige de luttes et d'énergie la correction d'une semblable habitude. J'ai régulièrement fait mes « pâques » jusqu'à quarante ans ; on m'admettait, ainsi que beaucoup d'autres, afin que le troupeau parût plus nombreux ; je n'en contractais et n'en conservais pas moins le hideux vice de l'ivrognerie. « A cet âge, j'eus le bonheur de lier amitié avec un homme exellent, récemment devenu mon voisin. C'était un philosophe, et d'autant plus incrédule qu'il possédait plus de science. Touché du triste sort où ma passion réduisait ma famille, il prit à tâche de me corriger. Inutile de raconter mes combats, mes efforts mais il fit si bien qu'il me rendit à ma femme, à mes deux enfants, qui témoignent devant vous de notre commune félicité.

A la vérité, il nous a complètement débarrassé de nos ineptes croyances; à leur place, il a quelque peu orné notre intelligence de connaissances solides : mais, aussi, lui et les siens méritaient de servir de modèles à tous ».

Aveux d'une dame en présence de plusieurs personnes.

« Dans ma jeunesse, je me sentais inclinée à la ruse, à la supercherie, au mensonge; je ne cessais de me confesser de ces sortes de fautes, mais sans m'en déshabituer. Néanmoins, honteuse et souffrant de ce penchant, je résolus de prendre pour confidente une amie d'un caractère tout opposé au mien. A la vérité, elle n'avait pas reçu le baptême, n'allait ni à confesse ni à la messe. Ses parents avaient pris soin de son éducation, sans compter sur les *grâces suffisantes ou efficaces.*

« Cette ferme et franche compagne agit si bien sur moi, que je finis par prendre quelque chose de son heureux naturel, pas résister victorieusement, puis par me défaire entièrement de mon défaut ».

En effet, c'est au moyen de cette opération intérieure, persévérante, opiniâtre, par le contact social, par les conseils et l'aide de ceux avec qui l'on vit journellement, que chacun parvient à corriger ses défauts, ses vices, à réfréner ses mauvaises passions, à contracter des habitudes morales et vertueuses.

Sans ce travail intime et volontaire, la *police sacramentelle* ne peut absolument rien; lui, au contraire n'a nul besoin de ce charlatanisme malfaisant, vantard, dont les naïfs seuls tirent tout le succès et la bonne fortune.

J'ai connu tels pénitents trop crédules, s'infligeant aux dépens de la santé, discipline, cilice, orties, jeûnes; pourquoi les honnêtes conseillers négligeaient-ils d'user pour leur compte, des mêmes efficaces remèdes! Ils manquaient de *foi* sans doute, puisque, travaillé des mêmes maladies spirituelles, ils souhaitaient peu de s'en guérir.

Le clergé contemporain a essayé du juste milieu entre jansénisme et jésuitisme; malgré multiples et généreux sacrifices, en dépit de dévouements héroïques et de toutes les finesses de l'esprit, le souffle vital échappé n'anime plus sa vieille organisation que le temps a usée, que le progrès a dépassée comme une surannée machine de Marly.

Concluons: Voilà suffisamment exposés et appréciés les futiles prétextes des accusations *détaillées*. Nous ne trouvons encore qu'une décoration verbeuse propre à couvrir le système rusé, la pensée machiavélique de *police sacramentelle*, qu'une dorure destinée à déguiser l'amertume de la pilule, qu'un rayon de miel pour attirer les simples, ou qu'un dur prétexte voulant courber tout le monde sous la contrainte d'un filet à mailles si fines que rien n'y puisse échapper.

Passant un dimanche de Pâques dans une commune, j'aperçus une vingtaine d'hommes et de femmes déchiffrant une affiche apposée sur le mur de l'Eglise:

« Jéhova a quitté le sanctuaire, les Elohim sont partis. »

Je leur donnai l'explication qu'ils me demandaient et, tout ébahis, ils se dispersèrent en souriant et sans assister aux vêpres que le desservant et quelques voix enfantines chantaient grotesquement.

CHAPITRE VIII

Du secret de la confession.

En imposant la confession, Innocent III et le Concile de Latran décrétèrent interdit et prison perpétuelle contre les prêtres qui en violeraient les secrets; fiche de consolation accordée aux pénitents (et au risque d'être tancés en arrivant là haut), indulgence que Jésus-Christ n'avait point eue, car il ne paraît avoir songé au mode auriculaire, ni à une loi du secret.

La théologie proclame sur tous les tons cette mesure de sécurité: voilà la théorie, mais un peu de lumière sur le pratique, sur les faits, détromperait utilement beaucoup de catholiques, étrangers aux subtilités, aux finesses accoutumées de son enseignement.

Pesez ces expressions du concile de Trente: « La confession publique n'est point commandée par précepte divin, et il ne serait *guère à propos* d'ordonner par une loi humaine qu'on accusât en public ses péchés, sur tout ses péchés secrets: (c. 5.). « Sens déguisé « si papes, et évêques, le jugent à *propos*, ils se pretendent maîtres absolus de la *loi* qui est leur ouvrage, qui « n'est qu'un adoucicement » dit Fénélon; « l'état de la société l'exige ainsi, » dit Bergier. (Dict. théolog.)

Il comprenait cette esprit de ruse, le fin politique Leibnitz qui, s'entremettant entre protestant et catholiques, écrivait: «... Cependant, pour s'accommoder à notre faiblesse, il a plu à Dieu de faire connaître à ses fidèles par son Eglise, que la confession particulière faite à un prêtre suffit, y ajoutant le sceau du secret, afin qu'elle fût plus à l'abri du respect humain. (conf. de foi). » Evidemment les chefs de l'Eglise demeurent libres de revenir sur leurs condescendances, de les retirer « à la faiblesse humaine, » de lui ôter « cet adoucissement, » s'ils jugent la mesure nécessaire à leurs vues.

Primitivement, eux seuls, de droit divin, présidaient les assemblées, recevaient les aveux publics, imposaient les pénitences, absolvaient. Tout autre ecclésiastique n'exerçait ce ministère que d'après leur délégation, faisant avec eux, en quelque sorte, une seule personne, leur devant ses rapports et compte de tout. Perdraient-ils leurs *droits* en les déléguant? D'ailleurs, ne jouissent-ils pas de pouvoirs les plus étendus? « *Tout* ce que vous délierez sera délié dans le ciel. »

En vertu de telles prérogatives, ils se réservaient, autrefois, l'absolution d'un grand nombre de cas que l'épiscopat français a fort restreint de nos jours.

« Un catholique ne saurait contester aux pape et aux évêques le *droit* de se réserver l'absolution de certains péchés. »

« Cette réserve n'a pas seulement pour objet la *police extérieure* de l'Eglise, son effet est d'annuler l'absolution. (Gousset, T. 2, N° 490.) »

Réfléchissez sur cette doctrine du cardinal: « La police extérieure de l'Eglise, » voilà le premier et le principal objet de la *réserve* que sanctionne la *nullité* de l'absolution qu'un prêtre aurait accordée malgré cette réserve. Quiconque sait comprendre, trouve ici la complète justification de notre travail. Que voulons-nous démontrer? deux choses; 1° *Police extérieure du confessionnal*, 2° *Infamie de cette police déguisée sous le droit divin.*

En confirmation de ce que vous écrivez nous disait-on, écoutez mon récit, dont vous ferez l'usage qu'il vous plaira.

» A l'âge de 28 ans, je tombai dangereusement malade, et m'étant résigné, par condescendance pour ma famille, à subir les questions d'un jeune vicaire, il finit ainsi, croyant sans doute m'effrayer: vous avez commis deux fautes que je n'ai point le pouvoir d'absoudre; M. le curé le possède, voulez-vous qu'il vous confesse? — Non, assez comme cela! je suis votre dupe et un sot — Je vais immédiatement demander à Monseigneur l'évêque le pouvoir qui me manque : le médecin ne vous juge pas en danger de mort — Je vous défends expressément de rien demander et de revenir; je me passerai fort bien de vos absolutions. Seulement, si vous êtes homme de probité, vous conserverez mes secrets pour vous seul; la loi naturelle vous prescrit ce devoir: si j'apprends la violation, notre code me donne le droit de vous poursuivre et j'en userai devant les tribunaux.

« Deux années après, des affaires litigieuses

m'ayant appelé chez l'évêque, il me dit : Vous êtes excellent, nous regrettons vivement, que vous ne soyez pas des nôtres. Tenez, nous voici seuls, confessez-moi vos péchés et je vais vous absoudre. — A quoi bon, répondis-je, en riant, puisque le vicaire vous les a déjà racontés? Oh ! vous ne me reprendrez plus dans vos filets ! Et levant le siège, je vis le *surveillant* sourire du bout des lèvres.

« Nous limitons, répliqua-t-il, la juridiction des jeunes prêtres bien plus que celle des vieux qui ont de l'instruction et de l'expérience. Ceux qui se confessent sont censés consentir à la discipline de l'Eglise; or, le pape, les Conciles l'ont établie et la veulent telle. — Expliquez-la donc franchement à vos catholiques, et beaucoup, ainsi que moi, la répudieront. »

Aussi, l'Enchiridion du Mans, par exemple — Manuel des cas réservés (t. 8-24-29) recommande aux confesseurs obligés d'en référer à l'évêque ou à ses vicaires généraux la plus grande circonspection, de crainte d'éveiller les soupçons des pénitents.

Je laisse encore la parole à deux amis.

Le premier : « Desservant pendant plus de vingt années, j'eusse été très mal noté si j'avais négligé de faire mes rapports à l'*administration diocésaine.* Assurément je m'abstenais de raconter les futilités du sacré Tribunal, mais elle me questionnait sur les vices dominants, sur les personnes notables, même sur les communes voisines et sur mes confrères. Elle finissait par m'arracher tout ce qu'elle voulait savoir. Vraiment, l'ingénuité du catholique, de la femme surtout, sur ce point du secret s'abaisse jusqu'au grotesque.

« Cependant en rencontrant son confesseur, elle remarque aisément, soit un ton affecté, soit un coup d'œil malin, soit un sourire narquois. Oh! si elle pouvait surpendre les indiscrets s'entrenant, s'égayant entre eux de ses confidences que la sagesse eût dû retenir dans son cœur et que la crainte puérile de damnation en a extorqué! Si sa prudence savait prévoir les conséquences de ses trop confiantes paroles, et pour son salut l'inutilité de ses aveux, elle se garderait bien de s'avilir en s'agenouillant dans le confessionnal, « en s'asseyant sur les genoux de l'église » expression de l'évêque Dupanloup! »

Le second. — « Les théologiens soutiennent que, quoique l'autorisation de révéler les secrets de confession pût rendre d'éminents services en certaines circonstances impérieuses, néanmoins, la *loi ecclésiastique* qui le défend, produit des avantages encore plus grands. J'en conviens sans peine; car cette loi posée en principe, trompe adroitement les esprits simples qui ne réfléchissent point que toute *loi* ecclésiastique souffre des exceptions aussi souvent que les chefs le *jugent à propos*, puisqu'ils s'en prétendent les maîtres.

« D'autre part, curieux désaccord entre eux ! Selon les uns, cette loi ecclésiastique concerne tous les péchés ; mais suivant d'autres, elle atteint uniquement les fautes mortelles — qualification extrêmement difficile, disent-ils — laissant par conséquent, d'ordinaire, doute élastique, grande latitude — encore, faut-il qu'elles soient accusées avec l'intention de recevoir l'absolution : quant à celles des autres, que le dévot pénitent révèle toujours beaucoup mieux que les siennes, le secret ecclésiastique ne les regarde nullement. »

A quoi bon s'arrêter aux assertions que les catéchistes débitent aux enfants, savoir: que Dieu met la discrétion sur les lèvres du prêtre, que sa grâce efficace empêche les violations qui nuiraient gravement à son Eglise, éloigneraient les fidèles du tribunal de la pénitence. »

Certes, le Dieu de ces naïfs croyants permet cent autres sortes d'infraction non moins funestes au catholicisme :aussi le cardinal Gousset se garde bien de *nier* la trahison du secret faite à des *laïques* et *en dehors des règles disciplinaires;* il se borne à écrire que cette violation *directe* d'une confession « est rare. »

Eh ! qu'importe que la révélation se fasse directement ou indirectement, volontairement ou maladroitement, par signe ou par écrit! Mais il importe au pénitent que la discrétion soit absolue. Assurément, interdit, prison perpétuelle, amendes pécuniaires, décrétés par les conciles, attestent les indiscrétions des confesseurs, ainsi que toute loi pénale constate une fréquence d'abus.

Un rituel de Paris inflige au prêtre pour trahison de confession, l'amende de sept calins, juste deux de moins que pour les plus honteux incestes deux de plus que pour parricide !

Les théologiens allèguent fièrement un exemple héroïque de discrétion, celui de Jean Népomucène, lequel préféra mourir plutôt que de révélér la confession d'une impératrice. Mais, d'après l'histoire, s'il périt victime de Venceslas, ce fut par suite d'un différent survenu entre l'empereur et le clergé au sujet d'une abbaye. D'ailleurs, la vertu d'un martyr ne prouverait pas plus la discrétion de tous les autres confesseurs, que la chasteté de François d'Assises, de François de Sales ne démontre celle de tous les capucins, de tous les évêques, de tous les papes. Malgré la prétendue grâce divine, l'expérience dénonce assez fréquemment des indiscrets aussi bien que les violateurs du célibat ecclésiastique.

Les théologiens ressemblent à ces heureux Epoptes des mystères d'Eleusis, qui, sans songer à la risible contradiction, affirmaient d'un côté que jamais initié n'avait trahi leur secret et d'autre part, nommaient un petit nombre de violateurs miraculeusement punis par Cérès.

« Philippe V, ayant consulté sur son projet d'abdication son confesseur, celui-ci s'empresse d'en informer le duc d'Orléans, régent de France, qui envoie la lettre révélatrice au roi d'Espagne: fait avéré. (Voltaire) ».

A la vérité, l'abdication n'étant pas un péché mortel, ne tombait pas sous la loi ecclésiastique du secret. Dailleurs, un R. P. jésuite est assez fin politique pour savoir se mettre au-dessus d'une loi ecclésiastique et même au-dessus de la loi naturelle du secret.

Chacun peut lire dans les « Mémoires d'un jeune jésuite » les lignes suivantes: « J'ai cru longtemps que le secret était inviolable, et qu'il était impossible à un prêtre d'y manquer: simple que j'étais... quand j'arrivai chez les jésuites, je découvris ma conscience à un directeur: Quelle fut ma surprise lorsque j'appris que plusieurs jésuites connaissaient ce que lui seul et moi pouvions connaître (c. 4.)! »

Pareille aventure arriva au jeune de B... lorsqu'il était élève chez les R. P., je tiens le fait de sa femme. Il devînt néanmoins préfet mais assez mal noté sous la Restauration.

Dans un procès jugé à Caen, en 1863, on voit qu'un secret confié en confession, s'échappe des lèvres de l'homme de Dieu et vole de bouche en bouche (*Siècle* du 9 juin).

Dans un procès fameux, des religieuses déposèrent ainsi : « Les dominicains ne nous entretenaient jamais que de discours orduriers et nous révélaient les confessions qu'ils avaient entendues (Lasteyrie-Hist. 183-981.)

Dans ces deux cas, nulle possibilité d'affirmer avec l'audace accoutumée l'inviolabilité du secret confessionnel, puisque les preuves testimoniales, souvent difficiles et dangereuses, ont permis les poursuites judiciaires.

En 1836, les journaux catholiques célébrèrent avec grand bruit l'exemple donné par un prêtre qui laissa guillotiner son frère accusé d'assassinat, quoiqu'il connut son innocence par la confession du vrai coupable : sur le cas il consulta son évêque, lequel en consulta d'autres. Ainsi « la grave religion » décida de sacrifier un innocent, un frère, afin d'attester à notre siècle incrédule la prétendue inviolabilité du sceau disciplinaire.

Supposé le fait avéré de tout point, exemp de toute artificieuse invention, le monde sensé verra dans cette loi, ainsi interprétée, et dans le cas présent, une monstruosité ajoutée à d'au tres dangers; chacun se dira qu'on est bien malheureux, en pareille circonstance, d'avoir pour frère un imbécile, pour évêques des fanatiques qui pouvaient facilement et sûrement recourir en grâce. Combien plus sage, plus loyal, de décider, d'avertir les croyants qu'il se rencontre des positions impérieuses où la justice, l'humanité, la probité obligent à dévoiler un secret!

En Italie, une femme dangereusement malade, accepte, selon la coutume, un confesseur. Celui-ci venant à soupçonner son mari et son fils d'opinions avancées, lui adresse cette question: « font-ils partie de quelque association secrète? — Hélas! ils ne conspirent que contre l'oppression et la tyrannie. — Vous allez faire cette déclaration enprésence de deux témoins de mon choix. Pensez-y bien! Vous ne tarderez pas à paraître auterrible jugement de Dieu! — Puis-je trahir mon mari et mon fils! — Si vous ne consentez, je vous refuse l'absolution et vous serez éternellement damnée. — Jamais, je n'avouerai cela devant témoins. — Eh! bien permettez-moi d'en donner avis par écrit a l'évêque, vous signerez la lettre.

Epouvantée par la crainte de l'enfer, la malade se résigna. Quelques semaines après, elle se rétablit. Mais, on vint dire à son mari : vous et votre fils êtes signalés à la police comme affiliés à une société de carbonarisme : je vous avertis à temps. L'épouse se souvint de ce qu'on avait arraché a son effroi, à sa faiblesse. Elle jura alors haine implacable à la *Police sacramentelle* et cessa de *croire* à la damnation éternelle.

Sans nous arrêter aux faits nombreux que chacun pourrait citer : Bordin rapporte qu'un gentilhomme normand ayant confié à son confesseur un projet d'assassiner François Ier, ce roi, en fût aussitôt averti, déféra l'individu au Parlement qui le condamna au dernier supplice.

Les Parlements toujours enseignant et justifiant ces sortes de délations, le clergé les pratiqua sans difficulté, à condition de n'être pas lui-même trahi : il s'y prête, excepté quand il s'agit d'un Henri III, d'un Henri IV peu favorables à ses intérêts.

C'était une opinion fort répandue parmi les émigrés que si le Parlement n'eut point expulsé les jésuites avant 89, ils auraient tout dévoilé par le sacrement de pénitence — sentiment éclairé par l'expérience — et qu'ils aurait empêché la Révolution — opinion de *chauvins* entêtés et incorrigibles.

Ainsi ce fameux sacrement *prétendu* de « droit divin pour remettre les péchés » se trouve sans cesse n'être au fond qu'un moyen de *police* administrative, gouvernementale, extorquant aux pauvres dupes, leurs plus précieux secrets par terreur religieuse.

Il en connaissait l'esprit ce saint Augustin qui exhortait les femmes à dénoncer leurs maris publiquement à l'Eglise; et Bossuet ne prêche-t-il pas que le précepte de la *correction fraternelle* regarde l'église toute entière!

Ce fut pour ce motif que, ayant reçu par écrit « la confession générale de Fénelon après en avoir promis le secret, il la publia, donnant pour excuse qu'une nouvelle Priscille avait trouvé son Mouton. (Rhorbacher-hist. eccl. liv. 88)! » La conscience éprouve le besoin de verser ses confidences dans un cœur qu'on croit ami dévoué! quoi de plus naturel! La sagesse, la prudence désavouent-elles ces épanchements! souvent, certes! mais violer ces secrets intimes, profaner l'amitié, connaissez-vous rien de plus lâche et de plus criminel! Ainsi pourtant, les Religions faussent, dépravent ce que la nature humaine possède de meilleur? Aussi elles rendrait tous les hommes défiants et ennemis mortels, si les hommes ne valaient mieux qu'elles !

Et cet esprit caractéristique du christianisme nous le retrouvons également conservé dans l'Eglise grecque, « ou nul n'est admis dans le clergé qu'après que le confesseur questionné par l'évêque, a rendu bon témoignage : coutume conservée par la formule d'approbation (Rohrbacher, année 1869) ».

Fénelon reprocha publiquement à Bossuet son ancien ami, l'odieuse violation du secret confessionnel. Peut-être cessa-t-il de *croire* qu'une grâce divine met un cadenas aux lèvres des prêtres.

Le pape Boniface VIII connaissait aussi sans nul doute, le but de la confession *détaillée*, lui qui forçait les prêtres à lui en révéler les secrets. A la vérité, il ne *croyait* ni à l'hostie

Dieu, ni à l'immortalité, et il avait des fils à doter aux dépens de l'Eglise. (Archives d'une assemblée d'Etat à Paris.)

Ils connaissaient le but de la *Loi ecclésiastique*, ces Paul IV, et Clément VIII, Grégoire XV dont les bulles ordonnent expressément aux confesseurs de dénoncer leurs confrères séducteurs ou séduits — de sorte que le clergé, par un juste châtiment, se trouve victime d'une institution qui lui sert si bien à exploiter les peuples.

A ce propos, tout le monde connaît l'aventure d'un vicaire-général de Paris qui exigeait d'une pénitente qu'elle dénonçât son complice ecclésiastique : elle lui remet une lettre cachetée renfermant son nom et qu'il s'empresse de présenter à l'archevêque : celui-ci y lit le nom de ce vicaire-général et les deux augures, se regardant, stupéfaits, éclatent d'un fou rire.

Dans les couvents, on conserve la coutume de s'accuser une ou deux fois la semaine, en présence de la communauté, sous peine de s'entendre dénoncer. Parmi le clergé, l'on pratique la délation comme manière de faire sa cour, comme moyen d'avancement.

Une discipline rigoureuse astreint à se surveiller mutuellement avec activité, à trahir la confiance d'un ami ingénu avec d'autant plus de perfidie qu'elle défend de mettre le délateur en face du dénoncé. On peut lire sur ce point les

Décisions d'un sulpicien. (T. 1er P. 230). Ce but de délation disciplinaire a fait rétablir par les évêques, l'ancienne hiérarchie abolie par notre révolution.

Le fin jésuitisme, questionneur infatigable s'enquiert de *tout*, n'oublie *rien*. *Insinuant*, il capte la confiance, s'immisce dans l'intimité des familles, prodigue ses conseils, « protège » console, flatte, exploite même — surtout? — les faiblesses. Patient, ce qu'il ne peut savoir aujourd'hui, il le connaîtra dans six mois, dans un an. Adroit, il sait « faire causer » votre femme, vos parents, vos enfants, vos domestiques. Sœurs placeuses, sœurs gardes-malades, sœurs des tiers-ordres, congréganistes, dévotes, etc. Caméléon, il prend toutes les couleurs, Protée il revêt toutes les formes! Il appelle cela « se faire tout à tous « à l'exemple de Saint-Paul, afin d'attirer le mondé entier au Dieu Jésus.

On peut lire le procès *fameux*, entre jésuites et dominicains, et les rapports des Parlements. Dans chaque maison des R. P. tout le personnel se confesse à un ou deux qui *rapportent* ce qu'ils ont appris d'important à un supérieur, chaque Provincial recueille ces notes, les transmet à Rome.

Il n'en fit point mystère au duc de Brissac, celui qui disait : « De Rome, de ma chambre, je gouverne non seulement Paris, mais la Chine, même le monde, sans que personne *sache comment cela se fait.* » Pape noir !

Aujourd'hui *personne ne l'ignore.*

On sait que, dès qu'ils s'établissent dans une ville, ils choisissent un ecclésiastique «matois» qui les informe de tout ce qu'il apprend *à leur sujet, et de tout ce qu'ils ont intérêt à connaître.*

A Poitiers, lors de leur expulsion, ils oublièrent de brûler une pièce conservée dans le recueil du président Rollant. Elle constate qu'ils possédaient une *police particulière* et *leurs* notes secrètes, sur *les individus* et sur *les familles.* Ils dressaient avec soin minutieux la liste de leurs partisans, de leurs adversaires (Revue politiq. et litt. du 29 mars 1878).

Les autres ordres religieux, bénédictins, dominicains, carmes, capucins, sulpiciens, lazaristes, missionnaires, frères enseignants, dames du Sacré-Cœur, picpuciennes, visitendines, ursulines, sœurs enseignantes, le clergé séculier si nombreux, activement et vigoureusement *surveillé,* l'épiscopat devenu *entièrement ultramontain,* forment une agence vaste, habile, puissante, *de police religieuse et politique* qui transmet au « Gouvernement des cardinaux » les renseignements importants qu'elle doit en grande partie à ce qu'elle nomme : *sacrement de pénitence* !

Nous entendons autour de nous la « multitude » des hommes crier, en frémissant : « Plus de cet homme invisible, » ainsi que Michelet (du *Prêtre*, de la *femme*) l'appelle! Non! plus de cette loi, de cette pratique détestable qui soumet parents, enfants, maris, « à laisser le *confesseur* prendre une part d'affection et souvent la meilleure. » Plus de cet homme qui impose aux enfants, cet examen de conscience corrupteur, qui leur adresse des questions immorales que parents et institutrices se voient trop souvent obligés de lui reprocher avec indignation!

Écoutons un autre concert de voix plus timides, mais nos moins frémissantes, qui répondent : « De cet *art des arts*, immoral, tyrannique de cette jonglerie mystique, de cette *police sacerdotale*, nous ne voulons pas plus pour nous et pour nos enfants que nos maris, nos frères, nos pères n'ent veulent pour eux-mêmes. Périsse donc enfin la Théocratie perfectionnée, raffinée du Brahmanisme et des antiques sacerdoces ! Que l'hypothèse du Surnaturel emporte ses contradictions, ses exécrables institutions dans sa fosse.

Nous n'y jetterons ni fleurs ! ni regrets!!!

CHAPITRE IX

L'Inquisition ! Autre forme du sacrement de Pénitence, et sa dernière évolution.

Les chefs de l'Eglise ont compris le sacrement de pénitence comme Institution de *Police* tout simplement, nous venons de le démontrer, « théologiens en main; » en d'autres termes, ils ont prétendu élever la *Police* à la hauteur, à la « dignité de sacrement » c'est-à-dire de « symbole, de source de grâces surnaturelles », et l'ont présentée comme instituée de *droit divin*: voilà une de ses formes. En voici une autre: *l'Inquisition*.....

Deux formes gracieuses, vous le voyez! Affirmez donc crûment le *sacrement policier*, monstres hideux! espèce d'hydre à deux têtes, cerbères à deux gueules toujours béantes, aux langues pantelantes, aux yeux enflammés, aspirant sans cesse après les victimes: soit dit ainsi, sans nulle exagération, nous allons en produire d'autres preuves.

L'inquisition! ce seul mot soulève dans l'âme honnête un sentiment *d'horreur* et de *mépris*. Oh! si la foule qui fréquentait les églises, qui se pressait autour des confessionnaux eût compris *l'identité* du Saint-Office et du sacrement de Pénitence, combien sa ferveur se serait changée en fureur? Pourtant, rien de plus aisé à comprendre que cette identité.

D'après la Théologie, quel fut le premier confesseur? Son Dieu, Adam, Eve furent les premiers pécheurs, lesquels s'accusèrent d'avoir eu faim et soif d'une jolie pomme, de l'avoir mangée avec délices, et reçurent d'affreuses pénitences. Quel fut le premier confesseur du christianisme? Le Dieu Jésus-Christ qui absolvait beaucoup de pécheurs, de pécheresses, lesquels, par conséquent, avaient accusé leurs faiblesses. Maintenant, lisons l'histoire de l'Inquisition, par Louis de Paramo, Inquisiteur de Naples, et l'une des plus brillantes lumières du Saint-Office (Titre 5. ch. 2). Son Dieu institua cet Office, saint par excellence; et, le premier des frères prêcheurs, il l'exerça contre Adam; car, on lit dans la Genèse: Adam où es-tu? Le défaut de *citation* eût rendu la procédure nulle, dit le *logique* historien, avec une gravité comique. Les vêtements que Dieu façonna pour les deux coupables époux furent le modèle de Saint-Benito que l'on fait porter aux hérétiques.— Ces arguements prouveraient, non moins bien, que Dieu fut le premier tailleur.!

Comme il priva nos deux *criminels* ancêtres des biens innombrables du paradis terrestre, de là vient que le « saint » office confisque toutes les richesses de ceux qu'il condamne.

Il brûle les hérétiques, parce que Dieu brûla les habitants de Sodome, en punition de leur péché contre nature, hérésie formelle (ibi. p. 15). Il emprisonne innocents et coupables, selon ses besoins, puisque Dieu prédestine ou non, indépendamment des mérites, ou démérites. Parcourant l'histoire des Juifs, notre auteur trouve la Sainte Inquisition *partout*. Jésus-Christ, premier inquisiteur de la nouvelle loi, commence le saint office dès les *premiers* jours de sa naissance, en la faisant annoncer par les Rois Mages à la ville de Jérusalem; plus tard, il punit le roi Hérode d'ulcères et de vers rongeurs; chasse les vendeurs du Temple, livre la Judée au pillage, en punition de son incrédulité. Après Jésus-Christ, Pierre, les apôtres exercent le Saint-Office qu'ils transmettent aux papes, aux évêques (ibi.). Evidemment, donc, on ne saurait voir dans l'Inquisition qu'une seconde forme du sacrement de pénitence, que son complément naturel, logique, forcé. Vous n'avouez point spontanément votre culpabilité; vous refusez de vous accuser bénévolement, comme l'âne de la fable. Eh! bien! on vous espionne par tous les moyens, on vous dénonce, on vous contraint à la confession, et si vous ne la faites pas, on essaie de l'arracher, par les supplices de la Question.

Ici qui ne reconnaît le crocodile aux deux têtes, le cerbère aux deux gueules? Identité de *juridiction, de discipline pénitencielle*; *même police exploratoire*, s'exerçant de deux manières! Qu'est-ce que cela, sinon le fameux sacrement de pénitence! L'un de ses modes prend sa dénonciation de l'aveu spontané, soit public, soit auriculaire; l'autre mode tire la science du plus odieux métier nommé le Saint-Office. Les noms diffèrent; mais l'unité d'objet se révèle, se démontre dans l'idée synthétique de *police confessionnelle*, correctionnelle, sacramentelle; si la procédure des deux tribunaux, si leur pratique juridique affectent des différences, elles se rapprochent et se confondent dans *l'unité* de *la fin*. Ainsi, même origine, même juridiction, même surveillance administrative, ou gouvernementale, même pouvoir de réconcilier, d'user, d'indulgence, de condamner. En un mot, les chefs de l'Eglise se pretendent *dépositaires* de l'autorité *divine*, disposent d'elles en *maîtres absolus*, lui donnent toutes les figures, l'instituent de toutes les façons qu'ils jugent à propos, la *restreignent ou l'étendent à leur gré*.

CHAPITRE X

Sacrement de Pénitence. Embyron chrétien du Saint-Office.

Développons ceci est un peu plus amplement. Depuis les temps apostoliques où Pierre frappait de mort Ananie et Sapphire, faisait surveiller activement l'enseignement de Paul écrivait à l'église de Corinthe, d'excommunier un incestueux fort innocent; ou Jean poursuivait et dénonçait les hérétiques qui divisaient l'église naissante, menaçait plusieurs évêques de les déposer.

Depuis cette époque jusqu'au quatrième siècle, les chefs exercèrent au milieu de leurs coréligionnaires assemblés en jury, leur puissance judiciaire ; elle l'appela : *correction fraternelle*. Si tous avaient des faiblesses, tous aussi, étaient juges. Mais, à partir de la singulière conversion de Constantin, le christianisme acquiert une énorme prépondérance sur les autres religions et l'Eglise romaine acquiert la même prépondérance sur les églises séparées d'elle. Dès lors, la *surveillance ou police*, devient d'une excessive difficulté. Partout, on établit un Pénitencier chargé, nonseulement d'entendre les confessions spontanées, mais de surveiller les *croyances*, la *doctrine*, non moins que les mœurs et l'accomplissement des pénitences publiques ; de recevoir les délations ds citer à son tribunal les accusés, de confronter dénoncés et zélateurs, d'écarter les indignes de la participation aux sacrements et de l'assemblée des fidèles.

L'identité de la confession et de l'inquisition apparaît avec évidence : voilà bien l'hydre à deux têtes, le cerbère à deux gueules, A l'exempie de Constantin qui avait massacré Gnostiques, Donatistes, etc... *parce qu'ils s'élevaient contre les spoliations du clergé*, les Empereurs d'Orient, ceux d'Occident, Préfets, magistrats inférieurs, partisans du nouveau culte, soit qu'ils attribuent par zèle bénévole, soit qu'ils reçoivent par délégation une portion de la puissance juridique du pape, ou des évêques, se constituent, ainsi, *les évêques du dehors*, expression pittoresque d'un Père de l'Eglise. — A ces « surveillants du dehors, » il ne suffit point souvent, de défendre le troupeau ; tantôt ils se mêlent aux disputes incessantes et accroissent le désordre ; tantôt, ils aboient, mordent, déchirent brebis égarées, ou fuyant le bercail ; d'autre fois, ils persécutent violemment tout ce qui refuse de « bêler » la religion nouvelle et tient à l'indépendance. En 380, Idéo, évêque de Mérida (en Espagne), s'adresse *avec fureur* aux magistrats séculiers, afin d'expulser des villes certains hommes qu'il appelle hérétiques : voilà bien précisément la fonction nommée *Saint-Office* demandée par les *surveillants du dedans* aux *évêques du dehors*, autrement dits, alguazils, policemen, Inquisiteurs ; ce dernier nom, devenu si *exécrable*, était donné deux ans après par l'Empereur Théodose au préfet du prétoire, avec mission *dévote* contre les anciens sectaires. Chrodegaud, évêque de Metz (VIIIe siècle), prescrivait aux ecclésiastiques de se confesser deux fois l'an, à lui, ou, à quelqu'autre désigné par lui, *tout un* avec lui. S'apercevait-il qu'on cachait un péché ? il mettait en prison le pénitent, lui infligeait *des coups de discipline*. Je cite ce fait principalement, afin de constater que le *surveillant ne divise qu'à regret en deux tribunaux son pouvoir juridique ;* lui-même exerce la *police sacramentelle de pénitence*. — Ce mystérieux symbole, cette source de grâces qui jaillit à tous les yeux constamment.

Un concile de Vérone (1184) ordonne aux évêques de Lombardie de rechercher soigneusement les hérétiques, de les livrer aux magistrats civils, afin qu'ils infligent des châtiments corporels.

CHAPITRE XI

Division du sacrement sous deux formes.

Mais, en 1198, le pape délègue une si haute et si glorieuse fonction à deux moines de l'ordre de Cîteaux; en 1204, à Pierre de Castelnau: ici, division, *bifurcation* du pouvoir juridique. C'est sous la main d'Innocent III que la confession de *droit divin* auriculaire prend sa forme accentuée, *définitive* (1215); sous cette main, l'Inquisition, pareillement accentue la sienne, longtemps à l'état d'embryon et au maillot; elles se séparent, se définissent enfin. Désormais, la *police sacramentelle* de pénitence — toujours mystérieux symbole et sources de grâces — va développer ses deux têtes, ses deux gueules *parallèlement*, à l'envi, unies inséparablement, *partout* où la papauté pourra imposer sa volonté librement, sans entraves.

Ce fut vers l'an 1200, dit l'abbé Bergier, que le pape Innocent III érigea ce tribunal (l'Inquisition) pour procéder contre les Albigeois hérétiques qui croient que ni droit féodal, ni possession de richesses sont dans l'évangile ! Et critiquent le haut clergé. Les premiers inquisiteurs avaient le droit de *citer* tout hérétique, de l'excommunier, d'accorder les indulgences à tout prince qui *exterminerait* des condamnés, de réconcilier à l'Église, de *taxer* les pénitents et de recevoir d'eux une caution de leur repentir (Dic. théol.). A ces traits qui ne reconnaîtrait dans ce tribunal, comme dans la confession, même juridiction sacrée, même *police mystérieuse et source de grâces surnaturelles* ? Voilà pourtant les belles choses que voudraient nous ramener l'ultramontanisme, le *Syllabus*, à l'aide de quelque restauratison monarchique !

CHAPITRE XII.

Nature du Saint-Office.

Pénétrons au cœur de cette institution fameuse, connaissons sa nature intime.

L'abbé Bergier continue : « Nous n'avons certainement aucune envie de faire l'éloge de ce tribunal, ni de sa manière de procéder... Voici quelle est la forme de ses procédures : On ne confronte point l'accusé aux délateurs et il n'y a point de délateur qui ne soit écouté ; « un criminel flétri par la justice, un enfant, une courtisane » sont des accusateurs *graves*. Le *fils* peut déposer *contre son père*, la femme contre son époux, le frère contre son frère; enfin, l'accusé est obligé *d'être son propre délateur*, de *deviner* et d'avouer le délit qu'on lui *suppose* et que souvent *il ignore* (ibi). Bergier *n'invente pas*; il *copie* le manuel de l'inquisiteur Louis de Paramo,

Quelle conscience honnête pourrait souhaiter le retour, favoriser le rétablissement de pareilles horreurs ? Le clergé, les universités catholiques, les pensionnats dévots prennent soin de les cacher. Leurs publications religieuses en les dissimulant, trompent, faussent l'Histoire, le jugement, l'éducation. Mieux vaut la terreur qui se pose franchement en face, montre l'adversaire à combattre, que cette procédure ironique, qui, ne laissant sécurité à personne, établit *partout* la défiance, crée la trahison, la paye, la récompense, *la sanctifie*, même *au sein de la famille* ! Foule béate, comprends-tu en quoi consiste pour tes chefs *la grande morale* et *l'Arts des Arts* ?

CHAPITRE XIII.

Procédure des Inquisiteurs.

Ainsi, l'inquisition s'investissant, au nom de Dieu, d'une autorité sans limites, se jugeait maîtresse absolue, et des lois naturelles et du genre humain. Chef de celle de Rome, avant de devenir pape, Pie V, sachant, par expérience, combien elles était redoutable, *même pour les souverains Pontifes*, se réserva, *à l'exemple de plusieurs predecesseurs*, la charge d'*Inquisitenr universel.* Philippe V faillit être victime de celle d'Espagne. Elle poursuivit le cardinal Noris, à cause de ses ouvrages ; Benoît XIV ne le sauva qu'en déclarant formellement les approuver : instructif et piquant spectacle que celui de ces deux tribunaux s'observant, se menaçant au nom de la *foi catholique* !

L'Inquisition souilla de ses soupçons, ou de ses prisons des personnages « réputés » *saints* : Jean-de-la-Croix, Thérèse, Jean de Ribera, Philippe de Néri, Charles Borromée, Louis de Léon ; elle calomnia, brûla le moine Savonarole, pape qu'il prêchait contre les scandales du clergé. Saint Philippe de Néri, François de Paule, etc.., réclamèrent la canonisation de ce martyr. L'état de Venise, La cour de Naples n'acceptèrent l'Inquisition qu'à la condition de choisir ses chefs et de les tenir sous la main. En France, depuis Louis IX, la royauté n'admit point une autorité rivale qu'elle n'eût pu dominer aussi facilement que l'épiscopat. De leur côté, les évêques français supportaient impatiemment la juridiction nouvelle, indépendante, ne relevant que du pape, en conflits fréquents avec eux, — par exemple quand il s'agissait de s'approprier les biens des hérétiques condamnés, si bien que Sixte IV se vit contraint de réglementer le scandale de ces pieuses rapacités. De concert avec les rois, ils finirent par l'éliminer, ou s'en préserver en résistant à la cour pontificale. « Si dans les autres Etats, dit le théologien Bergier, les évêques avaient eu la même fermeté, leur propre juridiction n'aurait reçue aucune atteinte (Dict. ibi). »

CHAPITRE XIV

Les Evêques sont inquisiteurs.

Ceux de France prétendaient suffire, seuls, au labeur de leur divine mission de surveillance: ils se trouvaient à la hauteur et dignes du Saint-Office. Que la *Police surnaturelle* d'espionnage, de trahison, surexcitée par l'appât du gain, s'exerce par eux, ou par quelques tribunaux spéciaux, c'est toujours même *police sacramentelle, mystérieux symbole et source de grâces divines!* Assurément, partout où règnent l'épiscopat, le prêtre, le confessionnal, règne l'Inquisition: c'est tout un. D'autant plus que la papauté entretient soigneusement, à côté du clergé séculier, des ordres religieux de toute espèce. Soit par esprit de corps, soit par jalousie, par amour propre, ou autres semblables motifs, ces détestables engeances exercent sous le nom de correction fraternelle, les unes sur les-autres, une *police réciproque* non moins activement que sur le reste de la société. De tous les degrés de la sacrée hiérarchie, les renseignements, soit religieux, soit politiques arrivent incessamment au Saint-Office du couvent des dominicains et du Vatican. Voilà un secret du gouvernement sacerdotal, ou théocratique; le « Sphynx » n'a pu le retenir toujours captif dans son sein violemment déchiré par tous les progrès.

Oui, si jésuitisme, ultromontanisme, conservaient leurs libres agissement d'autrefois, ils ramèneraient la foule béate et ignorante à ces beaux jours où les évêchés avaient leurs *cachots*, où les conciles de Narbonne (1227), de Toulouse (1229), ordonnèrent aux évêques de choisir, en chaque paroisse, un prêtre et deux ou trois laïques de bonne réputation, lesquels feront souvent la « recherche » *exacte* des hérétiques dans les maisons, les caves et tous les lieux où ils pourraient *se cacher*: après en avoir découvert, ils prendront précautions rigoureureuses, afin d'empêcher l'évastion, et s'empresseront de prévenir l'évêque, le seigneur du lieu, le bailli.

Populations moutonnières, veillez donc à votre sécurité avec plus d'intelligence et achevez l'œuvre de 89, puisque le Syllabus et les ultramontains sont toujours menaçants!

CHAPITRE XV

Horreur des peuples pour l'inquisition.

Les peuples ne supportèrent les tribunaux du Saint-Office que comme un cauchemar, ou plutôt un tigre revêtu de la peau de mouton, dont ils se débarrassèrent, quand ils le purent. Ainsi, à la mort du pape Paul IV (1559), la multitude saccagea le palais des inquisiteurs, brûla les informations, délivra des prisons *quatre cents victimes* ! Un archevêque de Naples (1747), ayant affiché ce terrible mot : *Prison du Sainte-Office*, la population *entière* s'en alarme comme menacée par des ennemis formidables et la cour renonça pour le moment à ce *cher* tribunal. Malgré les répulsions générales de tous le pays, la cour pontificale s'efforça de multiplier ces infâmes tribunaux, délices de son cœur, et sa sauvegarde; en Italie, elle en compta trente-deux, au moines, qu'elle soutenait *par la force*, aidée d'un petit uombre d'interressés, de superstitieux, de fanatiques.

Après avoir connu l'esprit et la nature de l'Institution, il faudrait la suivre à l'œuvre dans l'histoire trop peu connue de L. Lorente, par exemple, qui avait été membre de l'Inquisition espagnole et qui, poursuivi par elle, se réfugia en France où il mourut il y a soixante ans. Il suffit, ici, de noter quelques faits. Exciter aux confessions par des promesses de grâce, ou d'adoucissement des tortures, en temps de *Jubilé*, et, néanmoins, poursuivre les pauvres dupes, *sous prétexte de dénonciations*, — d'ailleurs toujours faciles à susciter; — provoquer les délateurs par le don d'une portion des biens confisqués aux condamnés: morale catholique consacrée par les papes infaillibles! Saint Dominique s'était fait ami intime, conseiller du comte de Montfort, lequel, sous les auspices de sainte Madeleine, massacrait tous les habitants de Béziers; qui, ailleurs, brûlait, *en une seule fois*, quatre cents Albigeois. « Dans aucune histoire, écrit Louis de Paramo, inquisiteur napolitain, je n'ai eu 'auto-da-fé (— acte de foi —) aussi *célèbre*, ni aussi *solennel*. Dans un village, on brûla soixante-deux hérétiques: ailleurs cent quatre-vingts. »

Ce même auteur *exact*, simple, porte à *cent mille* le nombre des victimes humaines que le Saint-Office a immolées en l'honneur de son Dieu.

Cependant, d'après saint Dominique, les deux cent mille hommes rassemblés autour du comte se composaient « d'un ramassis attiré par l'espoir du pillage et ignorant, même, les plus simples éléments du catholisme: Dès qu' on essaya de moraliser et d'instruire ces hordes dissolues et abjectes, elles se dispersèrent et, au bout de quinze jours, il ne restait que douze cents hommes ». Certes les persécutés ne pouvaient pas valoir moins et, parmi eux, l'on comptait des savants, beaucoup de familles distinguées et *nobles* (vie des-Saints).

Pie V inaugura son pontificat par le supplice d'un grand nombre d'ecclésiastiques, par celui de plusieurs savants qui avaient osé écrire :

« L'inquisition est un poignard dirigé contre la science et contre la liberté des peuples. Jésuitisme, ultramontisme qualifient ces sacrifices humains de « haute morale catholique » ! Emprisonner Galilée, parce qu'il enseigne le mouvement de la terre autour du soleil, diviser la nation italienne en nombreux Etats pendant des siècles, étouffer dans les cachots les aspirations à la liberté, à l'unité, jusqu'à nos jours, était du ressort des inquisiteurs et leur gande affaire.

Le Directoire de l'Inquisition d'Aragon, destiné à toutes les autres, contient une épître dédiée à Grégoire XIII où l'on qualifie ce manuel: « admirable... plein de pitié, très propre à contenir, à extirper les hérétiques » on y avoue « connaître beaucoup d'autres pratiques qu'on ne juge pas à propos de divulguer, étant d'ailleurs connues des inquisiteurs. » Nous pouvons en apprécier la scélératesse aujourd'hui par celles que le manuel nous apprend. Exemples : Ces juges doivent étouffer dans leur cœur, « la pitié pour les enfants réduits à la mendicité par la condamnation de leurs parents (2. p. 120); ils conserveront le nom de l'accusé, quoique la délation paraisse fausse parce que le temps peut amener des preuves (c. 123.); ils opposeront les ruses à celles des hérétiques, afin de dire, avec l'apôtre: Comme je suis fin: je t'ai pris par finesse, (c. 291); s'ils lisent à l'accusé le procès-verbal, ils tairont le nom du délateur: les témoignages se récusent difficilement en matière d'hérésie, et il n'importe que les témoins soient gens de bien, ou infâmes (Ques. 65); ils livrent au bras séculier ceux qui, ayant abjuré l'hérésie, y retombent. On ne doit tenir aucun compte de leurs protestations, ou engagements pour l'avenir (324); Au moment de l'exécution, l'inquisiteur prêche sur la *foi*, accorde quarante jours d'indulgence aux assistants, trois ans à ceux qui ont aidé à la capture et aux poursuites; trois ans de la part du pape à celui qui dénoncera un hérétique (331-520). Si, près d'être brûlé, l'hérétique donne des signes de conversion, peut-être on peut le délivrer, l'enfermer entre quatre murailles; mais cette grâce *offre danger* (335). »

Deux cardinaux envoyés par Clément V à Carcassonne et à Alby se firent ouvrir prisons et cachots; ils furent saisis d'horreur et comme pétrifiés! (Récente publ. sur ces deux villes.)

En 1850 le saint office de Rome râlait une de

ses dernières condamnations ; puis l'enlèvement à leurs familles des enfants juifs Mortara et Cohen, subrepticement baptisés, étonnait l'Europe; les cours souveraines protestaient mais Pie IX consacrait les extravagantes iniquités : grand avertissement à nos contemporains !

CHAPITRE XVI

Tortures de la question et bûchers.

Quant aux supplices, la théologie du Saint-Office les justifie par la sainte écriture. D'après le susdit Directoire; on emploie, ordinairement, cinq espèces de tortures pour la question, bien qu'il en compte *quatorze*, et l'auteur se glorifie d'en avoir imaginé d'autres, par exemple, la privation du sommeil ! Combien il aurait jalousé la férocité du tribunal et des bourreaux russes (1881) ! « Nul doute dit-il, qu'on doive brûler les hérétiques, parce que Jean prête à Jésus-Christ ces paroles : « quiconque ne demeure pas en moi *séchera* et sera *brûlé* ! ! » On doit les brûler *vifs*; mais, après *précaution* prise de leur *arracher la langue* ou de leur bâillonner la bouche, de crainte qu'il ne scandalisent les assistants. » O ! morale catholique ! O ? religion d'amour ! Et quel but ses proposait-on? De contraindre à des pures croyances, à des croyances contradictoires! Ames dévotes, si vous êtes sincères et honnêtes, ne frissonnez-vous pas et ne sentez-vous point s'évanouir à jamais, vos illusions religieuses?

Enfin, voici en peu de mots, un aperçu du gouvernement pontifical, par le moyen de la confession et du Saint-Office.

Nous lisons dans la règle des capucins. approuvée par Clément IV : « Un frère n'a droit de se confesser qu'à un autre frère, si ce n'est en cas de nécessité absolue... Si, dans sa prison, un religieux accablé du poids de ses fers, demande à se confesser à un religieux de l'ordre, il n'en obtiendra la grâce que dans le cas où le père gardien jugera à propos de lui accorder cette consolation. Il ne communiera point à Pâques sans la permision du supérieur et, seulement, dans quelque lieu secret... Pour les grands crimes, les frères seront *brûlés vifs*... pour les autres crimes, on les attachera nus, on *les déchirera impitoyablement par trois fois* à la volonté du père Ministre. » — Et quels sont les bourreaux? Leurs confrères. » — On ne leur donnera qu'un mauvais pain *d'affliction*, une eau de *douleur*... Pour les crimes atroces, le père Ministre *inventera* des supplices *à son gré*... Si le fer, le fouet, le feu, le cachot, la soif ne suffisent point pour arracher à un frère la confession du crime dont on l'accuse, le père Ministre inventera des tortures *à son choix* et *taira* le nom des délateurs, des témoins, à moins que ce ne soit un religieux de « grande importance ». Le frère *qui demande un tribunal séculier tel que celui de l'évêque*, sera puni par le général de l'ordre et *à sa volonté*. (L. 4). — Tel est l'idéal du gouvernement théocratique jusqu'aux temps modernes de ce gouvernement dit : paternel !

CHAPITRE XVII.

Triomphe de l'Inquisition et de la Confession.

Cette théocratie, dont l'embryon fut le sacrement de pénitence, atteint de nos jours son perfectionnement dans l'organisation profondément combinée des polices monarchiques. Qu'on se rappelle (Histoire et mémoires en mains), l'entente cordiale des cours catholiques avec celle des papes, le machiavélisme de l'ancienne cour napolitaine, du duc de Modène, de l'Autrichien Metternich, de l'espagnole Isabelle, du dernier Empire. Quelle inquisition que celle des commissions mixtes de 1852 ! Cell de dresser dans les préfectures, sous-préfectures, la statistique des personnages influents des partis adverses, listes destinées aux persécutions sourdes, aux prescriptions, aux coupes réglées d'Ilotes, aux déportations par grandes masses, en temps opportun et pis encore!...

Près de mourir, le comte Cavour se confesse au F. Jacques, son ami, et un peu révolutionnaire. Aussitôt informé du fait, Pie IX, premier confesseur, Inquisiteur suprême, mande le religieux à son tribunal. N'a-t-il pas *droit à tout savoir*! Le confident du feu ministre avertit Victor-Emmanuel, lequel avertit tout le monde etl l'Europe ouvre l'œil sur ce qui se prépare. Cette attention gêne la cour pontificale; mais Tartufe s'observe et sait son rôle! *Je n'exige pas,* dit le pape, que vous me révéliez la confession de M. de Cavour; conservez-en le secret inviolable, même vis-à-vis de moi.

Vraiment! voyez la concession!! Ce curieux: «je n'exige pas»! ce « même vis-à-vis de moi! » affiche clairement les prétentions papales. Quant à la *concession* qu'il en fait? hé? sans doute, les affaires de petite morale, de *Police courante* et *banale* ne lui offrent nul intérêt! La grande morale seule le préoccupe.

M. de Cavour, continue-t-il, a commis de grands crimes, excité la révolution en Italie, perdu plusieurs princes fidèles au Saint-Siège, envahi nos Etats, encouru l'excommunication: s'est-il *accusé*, repenti, retracté? — Non, répond le Père Jacques.

Nous savons quels actes le pape qualifie de crimes, et fussent-ils secrets, il en provoque la révélation au mépris du droit naturel. Le confesseur, à qui sa foi catholique fait une conscience *double*, se *croit* obligé de *rendre compte*, au lieu de repousser toute question, avec dégoût, sur les dispositions intimes de son pénitent.

Pie IX, furieux de ce que ce prêtre n'a pas observé la « discipline » qui défend d'absoudre avant d'avoir préalablement consulté le Vatican, obtenu rétractation en règle, chasse de sa présence cet « infidèle agent de sa *Police divine*.

A son tour, la Sainte Inquisition s'empare du frère-mineur. Quel procès va-t-elle lui faire? Elle sait l'Europe attentive : elle *n'ose* appliquer ses châtiments *accoutumés*. Seulement, on retire les célestes pouvoirs à ce mauvais *Policeman*, de crainte qu'il n'absolve encore quelque moribond excommunié.

Lors de l'entrée de Victor-Emmanuel à Naples, l'Inquisiteur lui dit : « A qui désormais devrai-je rendre compte? »

RÉSUMÉ ET CONCLUSION.

Dans le Syllabus de Pie IX, triste monument des décrépitudes, nous avons compris, entre autres choses, celles-ci râlées sous la coupole de Saint Pierre : « Me voilà sur ma roche Tar-

païenne! Mes fils très-chrétiens, catholiques, apostoliques, et même schismatiques, hérétiques, infidèles ; Si la papauté aspirait à la domination universelle, n'y trouviez-vous pas votre compte ! Quand elle s'emparait des consciences, surveillait, dirigeait les pensées intimes, maîtrisait la science, mesurait l'instruction, dérobait à l'examen dogmes et morale, sous le mystérieux voile de *la foi* et du silence respectueux, surprenant, arrachant le secret des cœurs, trahissait confidences et intérêts individuels, prenant, comme Protée, toutes les formes de chattemite ou de hyène, de brebis ou de tigresse, d'anguille ou de serpent, ne livrait-elle pas dans vos mains les peuples serfs d'esprit et de corps. Quand, parfois, elle semble parler en leur faveur, le roi David ne comprend-il pas que son fidèle Architophel s'exposait pour lui ! Prêtez seulement aide et protection! A moi seul je les tiens, je les possède et vous les passe sous la main. Si nous sommes renards, n'avons-nous pas le droit de manger nos poules et de savourer cette chair délicate? Je vous absous, moi vice-Dieu, chef suprême des *surveillants! Vous évêques du dehors*, ainsi que l'affirme un Père de l'Église, vous jouissez d'une partie de ma divine juridiction : exerçons-la de concert. Moi, humble confesseur et grand inquisiteur! Tout évêque est mon agent, tout prêtre, mon mouchard « par devoir. » En cela consiste le principal de leur ministère; et le « sublime du genre » a été de leur faire accepter, comme Saint-Office de « droit divin, » « dont l'infraction mérite: châtiment d'enfer, et l'accomplissement: récompenses éternelles! » Ainsi, ma *police*, votre *police*, notre commune *police*, ingénieuse fusion! » *Mystère de pénitence symbole et sourcé de grâces?*... Hélas! au sein du triomphe. pourquoi être précipité de cette Tour d'où je bénissait Rome« ET » le monde! Antonelli, tous mes cardinaux et évêques devraient être avec moi pour expier notre Syllabus, ou pour maudire la société nouvelle qui nous dépasse et nous rejette... »

— Ah! saint Père! s'écria un abbé ingénu, que va devenir ce monde? que mettront-ils à la place de notre confessionnal, de notre saint office? »

— Trop naïf abbé, nous remplaçons la théocratie par la République.

Trop surnaturalisme par la sainte morale de nos droits et de nos devoirs naturels,

Le Crédo par la LIBERTÉ DE CONSCIENCE!

KEB.·. ET JOE.

NOTA. — La Libre-Pensée n'est pas, comme le prétendent nos adversaires, l'*Athéisme*. Elle laisse à chacun droit de croire, de douter, ou de ne pas croire:

Pas de pression, ni d'exclusion.

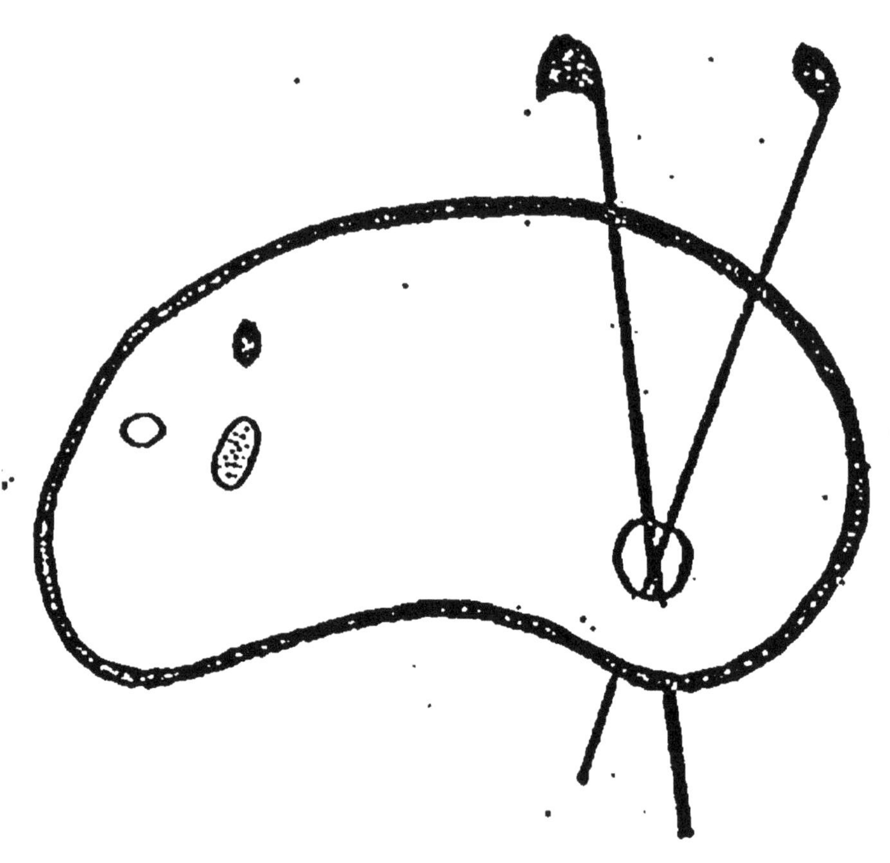

www.ingramcontent.com/pod-product-compliance
Ingram Content Group UK Ltd.
Pitfield, Milton Keynes, MK11 3LW, UK
UKHW012040240726
13965UKWH00003B/923